梦想之旅

创意搭建与TRIZ分析

王飞燕　编著

化学工业出版社
·北京·

《梦想之旅——创意搭建与TRIZ分析》以梦想之旅为主题，共12个项目，结合创意搭建系统，让读者在动手实践中体验各式交通工具、景观建筑、奇妙生物、话剧表演等内容；每一站介绍一个知识点，让读者开阔眼界；并将TRIZ创新方法以简单、易懂的方式引入，为读者提供内容丰富、形式多样的发展创新思维的机会，引导他们形成积极的学习态度、掌握系统的思维方法、发展有效的学习策略、获得超常的创新能力，实现"做中学"，实现现代教育的真正目的。

本书适合中小学生使用，也可供中小学教师及培训机构参考阅读。

图书在版编目（CIP）数据

梦想之旅：创意搭建与TRIZ分析/王飞燕编著． —北京：化学工业出版社，2020.2
（中小学生创客系列）
ISBN 978-7-122-36011-3

Ⅰ．①梦… Ⅱ．①王… Ⅲ．①科学知识–中小学–课外读物 Ⅳ．①G634.73

中国版本图书馆CIP数据核字（2020）第003202号

责任编辑：王清颢 赵媛媛　　　　　　装帧设计：尹琳琳
责任校对：王鹏飞

出版发行：化学工业出版社（北京市东城区青年湖南街13号 邮政编码100011）
印　　装：天津图文方嘉印刷有限公司
710mm×1000mm 1/16 印张13¾ 字数206千字 2020年6月北京第1版第1次印刷

购书咨询：010-64518888　　　　　　售后服务：010-64518899
网　　址：http://www.cip.com.cn
凡购买本书，如有缺损质量问题，本社销售中心负责调换。

定　　价：99.00元

丛书编委会

前 言

PREFACE

　　现代教育更加注重对学生创意方面的培养，日常教育教学中因受时间、场地等客观条件的限制，对学生创意方面的培养尚显不足。创意搭建系统采用拼插式塑料插件，秉承着点、线、面、体的几何体构建方式，可以搭建从简单的平面几何图形，到构建出各种各样的立体模型，而且插件可以360度旋转。会转会动的创意搭建魔幻建构组合更能激发孩子们的兴趣与创作的潜能，通过观察、建立逻辑与空间概念。

　　《梦想之旅——创意搭建与TRIZ分析》以梦想之旅为主题，从飞机起航开始，经福建、广州、珠海，跨过港珠澳大桥，换乘邮轮后，旅程为越南—印度尼西亚—印度—埃及—希腊—威尼斯，结合创意搭建系统，让小读者们在动手实践中，开启创意思维，体验交通工具、景观建筑、奇妙生物、话剧表演等；每一站的知识点，让读者在场景中开阔眼界、进行探究式学习；同时，将TRIZ创新方法以简单、易懂的方式引入，为读者提供内容丰富、形式多样的发展创新思维的机会，引导他们形成积极的学习态度、掌握系统的思维方法、发展有效的学习策略、获得超常的创新能力，实现"做中学"，实现现代教育的真正目的。

本书内容涵盖了机械、建筑、物理、生物、航空、交通、旅游、艺术、历史、人文等多个学科的知识技能，这些知识与技能化身成梦想世界里一个个情境和挑战，同学们需要用创新思维串联这些知识和技能才能赢得挑战，顺利通关这个梦想世界。

　　感谢任立鹏、陈晴、方刚、郭晓杰几位老师在本书编写过程中提供的大力支持，感谢科技馆各位领导、同事、萃思教育各位同人在编书过程中给予的帮助和支持。

　　本书由笔者根据实践经验编写而成，由于笔者水平有限，书中难免有疏漏之处，恳请广大读者批评指正。

编著者

目 录

CONTENTS

创意搭建和 TRIZ 理论说明　/ 1

　　一、创意搭建　/ 2

　　二、TRIZ理论　/ 6

　　三、梦想之旅　/ 9

起航　/ 11

　　一、飞机简介　/ 12

　　二、飞机模型设计与搭建　/ 13

　　三、分析飞机模型的问题　/ 21

　　四、用萃思方法解决飞机模型的问题　/ 23

　　五、飞机模型的创新与改造　/ 25

第一站　参观三坊七巷　/ 27

　　一、福州与三坊七巷简介　/ 28

　　二、牌楼模型设计与搭建　/ 29

　　三、分析牌楼模型的问题　/ 35

　　四、用萃思方法解决牌楼吸引力的问题　/ 37

第二站　漫步广州塔　/ 40

一、广州塔简介　/ 41

二、广州塔模型设计与搭建　/ 42

三、分析广州塔模型的问题　/ 46

四、用萃思方法解决广州塔模型的问题　/ 48

第三站　跨海大桥合龙　/ 51

一、港珠澳大桥简介　/ 52

二、港珠澳大桥模型设计与搭建　/ 53

三、分析港珠澳大桥模型的问题　/ 59

四、用萃思方法解决大桥模型的问题　/ 63

换乘邮轮　/ 65

一、邮轮简介　/ 66

二、邮轮模型设计与搭建　/ 67

三、分析邮轮模型的问题　/ 74

四、用萃思方法解决邮轮模型的问题　/ 77

第四站　独柱寺　/ 80

一、独柱寺简介　/ 81

二、独柱寺模型设计与搭建　/ 82

三、分析独柱寺模型的问题　/ 89

四、用萃思方法解决独柱寺模型的问题　/ 92

第五站 遇见极乐鸟 / 96

一、极乐鸟简介 / 97

二、极乐鸟模型设计与搭建 / 98

三、分析极乐鸟模型的问题 / 106

四、种群差异分析 / 109

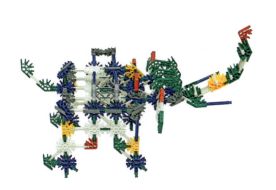

第六站 骑象穿行印度 / 113

一、印度象简介 / 114

二、大象模型设计与搭建 / 115

三、分析大象模型的问题 / 121

四、大象的进化历程 / 124

第七站 亚历山大灯塔 / 128

一、亚历山大灯塔简介 / 129

二、亚历山大灯塔模型设计与搭建 / 130

三、分析亚历山大灯塔模型的问题 / 134

四、用萃思方法解决亚历山大灯塔模型的问题 / 138

第八站 胡夫金字塔 / 141

一、胡夫金字塔简介 / 142

二、胡夫金字塔模型设计与搭建 / 143

三、分析胡夫金字塔模型的问题 / 145

四、用萃思方法解决胡夫金字塔模型的问题 / 145

第九站　竞技奥林匹克　/ 147

一、奥林匹克运动会简介　/ 148

二、古代马车模型设计与搭建　/ 149

三、分析古代马车模型的问题　/ 153

四、用萃思方法解决古代马车模型的问题　/ 157

第十站　探访威尼斯　/ 159

一、《威尼斯商人》简介　/ 160

二、各角色的关键道具模型设计
　　与搭建　/ 161

三、剧情设计　/ 174

附　录　/ 179

附录1　技术系统进化法则　/ 180

附录2　40条发明原理　/ 182

附录3　39个工程参数及矛盾矩阵　/ 188

附录4　分离原理与发明原理对应表　/ 200

附录5　物理矛盾相应的通用工程参数与发明原理对应表　/ 200

附录6　物－场模型的一般解和标准解　/ 202

参考文献　/ 207

创意搭建和
TRIZ 理论说明

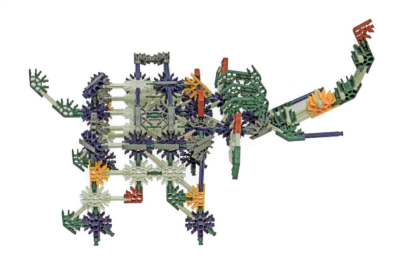

一、创意搭建

创意搭建项目采用拼插式塑料插件，秉承着点、线、面、体的几何体构建方式，可以搭建简单的平面几何图形、生动的立体形状，再将多种立体形状加以组合，可以构建出各种各样的立体模型。这些模型不同于乐高等积木，是拼插式而不是堆砌式，因此，创意搭建可以制作出来体型较大的作品，且是空心结构，当机械出现故障时，可以直观地发现问题所在，便于作品创作中后期创新改造的开展。

创意搭建项目同时包含有程序设计模块，可以通过图形化编程，采集触感、光感、声控等传感器信号，控制电机运动和灯泡闪烁，完成具备复杂功能的模型制作。

下面先认识一下创意搭建所使用的插件。

（一）认识插件

1.雪花件

| 单孔花 | 双孔花 | 红雪花 | 绿雪花 | 黄雪花(半黄花) |

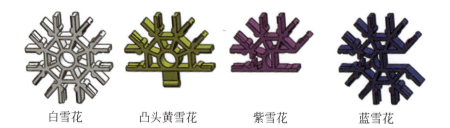

| 白雪花 | 凸头黄雪花 | 紫雪花 | 蓝雪花 |

2.杆件

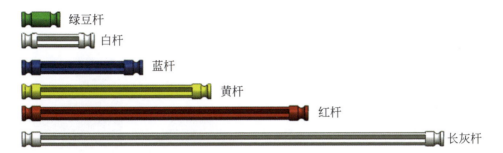

绿豆杆
白杆
蓝杆
黄杆
红杆
长灰杆

3.传动件

小灰齿轮　小蓝齿轮

链条

红齿轮　　黄齿轮

大黄齿轮

4.辅助件

肉色卡　平头黑卡　圆头黑卡

蓝垫圈

灰垫圈

蓝铰链　黑铰链　橙色梯子

小轮轴

大轮轴

中轮胎　小轮胎　半球　黑色小轮

小三角板　大三角板　大方板

（二）拼插办法

1.雪花和杆的连接

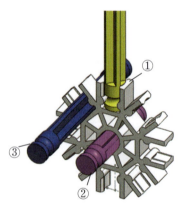

雪花和杆的连接包括三种连接方法，第一种是将杆扣入雪花的卡扣处，如图中①所示，此连接用于延展模型的方向，是最常用的连接方式。第二种则是将杆穿过雪花中间的孔洞，如图中②所示，此连接杆作为传动轴使用。第三种则是将杆以90°横向卡入雪花的卡扣处，如图中③所示，此连接主要用于加固模型。

2.蓝雪花和紫雪花的连接

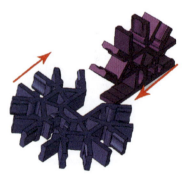

蓝雪花和紫雪花与其他雪花件的样子有些不同，它们中间没有孔洞，但是有个豁口，将蓝雪花和紫雪花两个豁口对插，可以制作出一个蓝紫结构，这个结构提供了5个方向（前后左右上）的角度，常用于制作立体模型。同理除蓝紫结构外，还有蓝蓝结构（6个方向，前后左右上下），紫紫结构（4个方向，前后左上）。

紫紫结构　　　　蓝紫结构　　　　　蓝蓝结构

3.齿轮的使用

齿轮的使用包含两种情况，一种是将两个齿轮在一个平面上卡齿相交，此时两个齿轮转动方向是相反的，这种连接一般用于齿轮变速。具体样式如左图。另一种情况则是将1个凸齿齿轮和1个其他齿轮（也可以是凸齿齿轮，也可以不是）垂直相交，此时，两个齿轮的转动方向是垂直90°的，这种连接用于齿轮变向。

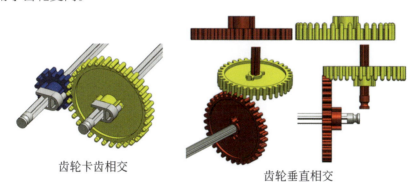

齿轮卡齿相交　　　　　　　　　齿轮垂直相交

4.链条的连接

链条的连接一般是将链条的钩子，直接卡到前一个链条的尾部。为了防止链条在使用时断裂，一般整条链条，钩子都是朝向同一个方向的。另外，链条尾部可以卡入雪花件的卡扣处。

5.辅助件的连接

平头黑卡和圆头黑卡一般配套使用，常用于立体的特殊角度的连接。而蓝铰链和黑

铰链也是类似用法，它们用于平面的特殊角度连接。

肉色卡的卡扣部分卡到杆上，凸起的部分插入齿轮和轮轴预留的孔洞内，可以固定齿轮和轮轴。垫圈用于支撑齿轮和轮胎，不至于脱扣。

创意搭建项目具备操作简单、可塑性强、可重复利用、安全环保的特点，孩子在操作过程中，可以有更多、更好的创意；教师在课程教学中，可以把更多的时间留给同学们去改造、创新这些技术系统，而不是单纯地按图制作或者模仿教师的作品。同时，我们在课上会介绍 TRIZ 创新工具的应用，作为思维的拓展。

二、TRIZ 理论

（一）阿奇舒勒和 TRIZ 理论

根里奇·阿奇舒勒，1926 年 10 月 15 日出生于苏联的塔什罕干市，自幼喜欢发明，14 岁就获得首个专利（水下呼吸器），15 岁时制作了装有喷气发动机的船。1944 年 2 月，刚读完大学一年级的阿奇舒勒自愿投军，并在里海小型

舰队从事发明检验工作。1946 年，阿奇舒勒开始了"发明构思方案理论"的研究工作。在对不同工程领域的大量发明专利进行研究、整理的过程中，他发现技术系统的发明是有规律的，形成了初步的 TRIZ 理论（也作萃思理论）。

1956 年，他在《心理学问题》杂志发表了《发明创造心理学》一文，轰动了苏联的科技界，为发明创造开辟了新的天地。1961 年，阿奇舒勒出版了《怎样学会发明创造》，经过研究，阿奇舒勒发现有 15 000 对技术矛盾可以通过运用基本原理而相对容易地解决。之后，在

阿奇舒勒领导下，由苏联的研究机构、大学和企业组成的 TRIZ 研究团队，分析了近250万份高水平的发明专利，总结了各种技术进化的规律和解决各种技术矛盾、物理矛盾的创新发明原理，建立了一套解决技术问题，实现发明创新的各种算法组成的综合理论体系，综合了多领域、多学科的知识后，形成了 TRIZ 理论体系，意译为发明问题的解决理论。

（二）应用TRIZ理论解决问题

应用 TRIZ 理论解决问题主要经过"发现真实问题—转换 TRIZ 问题—寻找 TRIZ 解法—构建解决方案"4个阶段，其中每个阶段都包含大量的创新工具，本书选取部分创新工具，用来分析各种简易的工程系统模型。

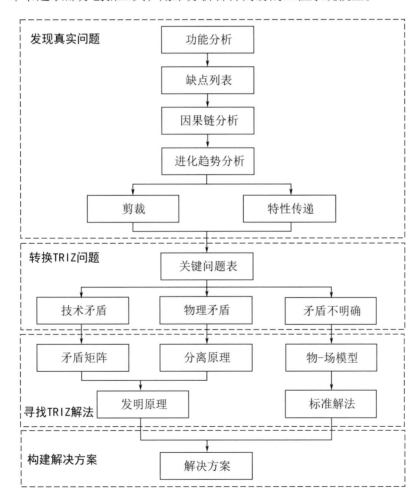

在"发现真实问题"阶段，我们选用了六个工具，"功能分析"旨在分析系统每个组件的相互关系与功能，以确定每个组件的优缺点和性价比。"缺点列表"则是从"功能分析"延伸出来的技术系统直观的缺点描述。通过"因果链分析"可以向上回溯出造成这些缺点的根本原因。"进化趋势分析"则是根据技术系统进化法则，找到技术系统对应缺陷的方法。"裁剪"可以理解成减法，去除技术系统的部分组件，由其他组件完成被去除组件的功能。"特性传递"则是加法，将其他技术系统优势的功能和组件传递到待改进的技术系统上，用以增加技术系统的性能和功能。

在"转换 TRIZ 问题"和"寻找 TRIZ 解法"阶段，我们所做的其实是将上一阶段找到的特殊问题，转换为 TRIZ 的一般问题，并找到 TRIZ 对应此类问题的标准解法。在本书中，我们遇到的一般问题主要包括三种，第一种是技术矛盾，技术矛盾是指当我们为了满足某个需求，让系统的某个工程参数得到改善的同时，使另一个工程参数恶化了，这个矛盾被称作技术矛盾，技术矛盾一般使用矛盾矩阵来找到对应的发明原理来寻求解决。第二种是物理矛盾，物理矛盾是指当两个不同的需求，使一个工程参数需要发生完全不同的两种变化，就称为物理矛盾，物理矛盾一般运用分离原理和工程参数对应的发明原理来寻求解决。第三种是问题的矛盾不明确，可通过发现问题的物-场模型类型，找到对应的一般解和标准解，获取解决问题的解法。

在"构建解决方案"阶段，我们需要将上一阶段找到的标准解法，根据实际情况，再进行特殊化，将解法与实际问题、使用者的经验和知识等有机结合后，构建为一个解决方案。

有三点需要特别注意：

第一，TRIZ 的分析过程不仅适用于改造各种工程系统，还适用于创造出各种工程系统，在功能分析阶段，我们将需要创造的工程系统设定为 X，将 X 系统与环境中的超系统组件，进行 X 系统预期的相互关系和功能的分析，就可以判断出 X 系统的基本功能，再根据系统完备性法则，设计出 X 系统的动力、传输、控制和执行装置，即可完成 X 系统原型的制作。

第二，创新的过程，并不是简单的线性关系，在分析问题遇到困难或无法得到解题思路时，需要及时倒挡，检查之前的分析是否出现错误或遗漏，及时更正并从出错处重新分析，这样获得解决方案的概率会获得极大提升。

如果仍不能获得解决方案，可以尝试重新定义问题，并再次分析。

第三，在同一个技术系统的分析里，这些创新工具并不需要全部使用，选取部分工具，以最简单的方式获取尽可能多的解决方案，才是同学们在分析过程中应该做的。多种解决方案有助于培养学生的思维能力。最后，同学们可以通过对工程系统模型进行改造和测试的方式对方案的可行性进行验证。

三、梦想之旅

梦想之旅是本次创意搭建课程的主题，其模拟了一场想象中的跨国旅行，航线跨越东亚—东南亚—南亚—非洲—欧洲，同学们沉浸在童话般的梦想世界里，体验各式交通工具、景观建筑、功能建筑、奇妙生物、话剧表演。课程内容涵盖了机械、建筑、物理、生物、航空、交通、旅游、艺术、历史、地理、人文等多个学科的知识技能，这些知识与技能化身成梦想世界里一个个情境和挑战，同学们需要用创新思维串联这些知识和技能才能赢得挑战，顺利通关这个梦想世界。

通过本书的学习，同学们将有三方面的收获。

一是以背景知识学习、绘制草图和搭建模型为主，培养学生的绘图和动手搭建能力，这种方式一般称作"实物模仿搭建"。

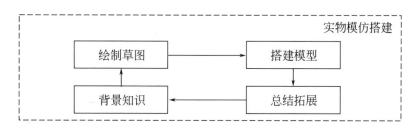

二是在实物模仿搭建的基础上增加了创新改造环节，引导学生对模型进行测试，测试的结果需要用工程参数加以表示，该部分简化和拓展了"5W2H"（Why, What, Where, When, Who, How 和 How much，即为什么、是什么、在何处、在何时、由谁做、怎么做和要多少）的创新方法。同学们可

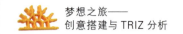

以通过小组头脑风暴的形式，启发灵感，设计执行方案，并将作品进行改造。这种方式可以培养学生的工程素养和创新思考，称作"创新改造搭建"。

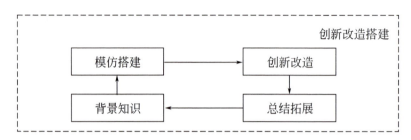

三是新增了大量利用 TRIZ 工具分析案例，利用标准的创新方法，推理出潜在的解决方案。教师以此案例，引导学生思维过程，指导学生模仿应用这些工具，找出系统的不足，得到初步的解决方案。这种方式可以培养学生应用创新工具的能力，称作"萃思解法搭建"。

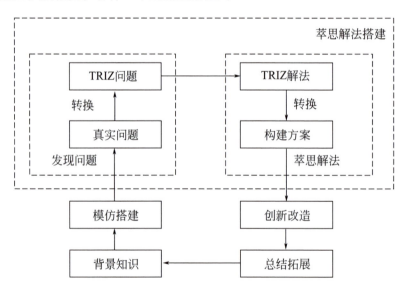

事实上，在解决了一个技术系统的问题后，新的问题肯定也会产生，没有一个技术系统是绝对完美的，最终理想解并不能达到，但是我们在不断地创新改造过程中，可以无限趋近于最终理想解。同学们在经过"萃思解法—创新改造—模仿搭建—萃思解法"的循环往复后，不断叠加创新的经验，再将这些经验付诸学习、生活和创新中，同学们的创新思维能力将获得长足的提升。

起航

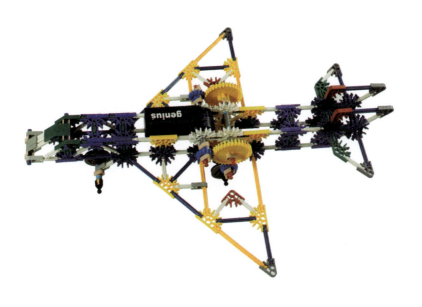

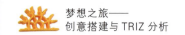
同学们，我们即将开启梦想之旅，首先，我们要选择一种交通工具，我们把第一个目的地定为福州，飞机无疑是最适合的交通工具了。下面让我们找寻梦幻中的飞机吧。

【本站任务】

1.开始梦想之旅，了解飞机的结构构成；
2.设计并搭建飞机模型；
3.根据系统完备性法则，改造飞机模型。

一、飞机简介

飞机是20世纪初最重大的发明之一，公认由美国人莱特兄弟发明。他们在1903年12月17日进行的飞行作为"第一次重于空气的航空器进行的受控的持续动力飞行"被国际航空联合会（FAI）所认可，同年他们创办了"莱特飞机公司"。自从飞机发明以后，飞机日益成为现代文明不可缺少的交通工具。

飞机按其使用的发动机类型可分为喷气飞机和螺旋桨飞机。大多数飞机由五个主要部分组成：机翼、机身、尾翼、起落装置和动力装置。机翼的主要功用是为飞机提供升力，以支持飞机在空中飞行，也起一定的稳定和操纵作用。

二、飞机模型设计与搭建

1.手绘图形

根据上面的介绍和下面的草图（俯视图），请试着画出飞机的正视图与侧视图的草图。在绘制草图的过程中，思考飞机是由哪些基本图形和结构组成的。

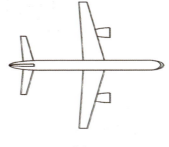

俯视图

2.搭建模型

由上所述我们大致知道了飞机的结构组成，现在开始逐步搭建飞机的模型。

（1）机身前段搭建

① 用2个紫雪花组成如下图的紫紫结构，共制作6个。

② 用2个蓝雪花组成如下图的蓝蓝结构，共制作2个。

③ 将1个蓝蓝结构和1个紫紫结构用1根蓝杆相连，注意雪花方向。

④ 将2个紫紫结构用1根绿豆杆相连，注意雪花方向。

⑤ 用5根白杆和1根绿豆杆如下图连接1个步骤③和1个步骤④的结构。

⑥ 在1个绿雪花上安装2个绿豆
杆和1个白杆。

⑦ 将1个绿豆杆和单孔花相连。

⑧ 将步骤⑥和步骤⑦的结构安
装到步骤⑤上。

⑨ 用5个白杆和1个绿豆杆如下图
连接1个步骤③和1个步骤④的结构。

⑩ 在1个绿雪花上安装2个绿豆
杆和1个白杆。

⑪ 将1个绿豆杆和单孔花相连。

⑫ 将步骤⑥和步骤⑦的结构安
装到步骤⑤上。

⑬ 用白杆将单孔花和绿雪花相
连，共制作3个。

⑭ 用蓝杆卡住3个步骤⑬的结
构的绿雪花135°的卡扣，并用肉色
卡在两端固定。

⑮ 用1个蓝杆穿过3个单孔花的
孔洞里，并用肉色卡在两端固定。

⑯ 用步骤⑮的蓝杆两侧穿过步骤⑧、步骤⑫的单孔雪花和绿雪花处。注意肉色卡的方向。

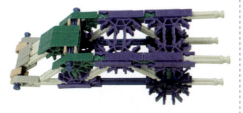

⑰ 用4个绿豆杆将步骤⑯的紫紫结构、蓝蓝结构连接起来。

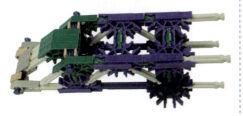

⑱ 将1个绿豆杆和单孔花相连，制作2个。

⑲ 用1根黄杆按"2个蓝垫圈+1个步骤⑦单孔花+1个蓝垫圈+1个灰垫圈+1个小轮轴+1个灰垫圈+1个蓝垫圈+1个步骤⑦单孔花+2个蓝垫圈"的顺序穿过，两头用圆头黑卡固定。本结构为飞机前轮。

⑳ 将步骤⑲结构的白杆连接到步骤⑰结构的蓝雪花45°卡扣处。飞机机身的前段就做好了。

（2）机身中段及联动装置搭建

① 用1个红杆按"1个肉色卡+1个黄齿轮+1个肉色卡+1个灰垫圈+1个白雪花+1个蓝垫圈+3个灰垫圈+1个蓝垫圈+1个白雪花+1个灰垫圈+1个肉色卡+1个黄齿轮+1个肉色卡"的顺序穿过，注意肉色卡需卡死黄齿轮。

② 用1个红杆按"1个肉色卡+1个小蓝齿轮+1个肉色卡+1个灰垫圈+1个白雪花+2个蓝垫圈+1个肉色卡+1个黄齿轮+1个灰垫圈+1个白雪花+1个灰垫圈+1个肉色卡+1个小蓝齿轮+1个肉色卡"的顺序穿过，注意

肉色卡需卡死黄齿轮和小蓝齿轮。

③ 将步骤①和步骤②的结果用
绿豆杆连接起来。

④ 用1个红杆按"1个肉色卡+
1个小蓝齿轮+1个肉色卡+1个灰垫圈+
1个白雪花+1个电机+1个白雪花+
1个灰垫圈+1个肉色卡+1个小蓝齿轮+
1个肉色卡"的顺序穿过，注意肉色
卡需卡住小蓝齿轮，2个白雪花需固
定电机。

⑤ 将步骤④的结构与步骤③穿
过2个黄齿轮的红杆上的白雪花90°
卡扣相连，让齿轮组呈90°。

⑥ 将1个白杆和1个黄雪花相
连，共制作2个，然后安装在步骤⑤
结构电机两侧白雪花上，与电机保持
平行。

⑦ 用1个紫雪花和1个蓝雪花组成如右图的蓝紫结构，共制作4个。

⑧ 将2个蓝紫结构用白杆相连，且两个结构互呈90°垂直，在结构上如下图安装3个绿豆杆，共制作2个。

⑨ 将2个步骤⑧结构用绿豆杆连接，如下图，注意绿豆杆的位置和蓝紫结构方向。

⑩ 将步骤⑨的结构安装到步骤⑥的结构上。注意绿豆杆的连接方式。

⑪ 用1个双孔花连接1个绿豆杆，1个白杆。共制作2个。

⑫ 用1个黄杆按"1个小轮轴+1个肉色卡+1个步骤⑪结构+1个灰垫圈+1个小蓝齿轮+1个肉色卡+1个蓝垫圈+1个步骤⑪结构+1个肉色卡+1个小轮轴"的顺序穿过，注意肉色卡需卡住小蓝齿轮和小轮轴，白杆要处以同一侧。两端用圆头黑卡固定。本结构为飞机后轮。

⑬ 将步骤⑫的结构连接到步骤⑩上，注意白杆连到蓝雪花135°卡

扣上。齿轮组成平行结构。打开电机，可以看到齿轮组的运动带动了轮轴的运动。

（3）机身尾端及尾翼搭建

① 用2个紫雪花组成如右图的紫紫结构，共制作3个。

② 将3个紫紫结构与5个白杆、4个绿豆杆、1个黄雪花连接如下图。注意1个紫紫结构与另2个方向正相反。

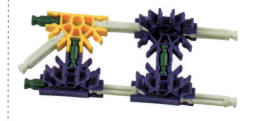

③ 分别制作1个紫紫结构、1个蓝紫结构、1个蓝蓝结构。

④ 将步骤③的3个结构与2个绿豆杆、2个白杆、1根蓝杆、1个红雪花、1个双孔花如下图连接。注意各结构的位置。

⑤ 组合步骤②和步骤④的结构。

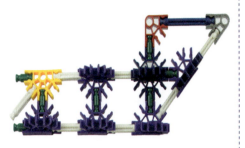

⑥ 用2个紫雪花组成如右图的紫紫结构，共制作3个。

⑦ 将3个紫紫结构与5个白杆、4个绿豆杆、1个黄雪花连接如下图。注意1个紫紫结构与另两个方向正相反，注意此结构与步骤②完全对称。

⑧ 分别制作1个紫紫结构、1个蓝紫结构、1个蓝蓝结构。

⑨ 将步骤③的3个结构与2个绿豆杆、2个白杆、1个蓝杆、1个红雪花、1个双孔花如下图连接。注意各结构的位置，注意此结构与步骤④完全对称。

⑩ 组合步骤⑦和步骤⑨的结构。

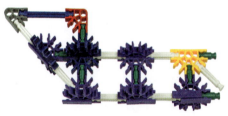

⑪ 将步骤⑤和步骤⑩结构用5个绿豆杆相连。

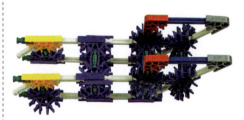

⑫ 用1个蓝杆、1个白杆、1个绿豆杆连接1个绿雪花、1个双孔花。本结构制作2个。

⑬ 将两个步骤⑫结构与步骤⑪相连，得到飞机尾端及尾翼。

⑭ 将步骤⑬与上面的机身中段和前段连接，完成整个机身制作。

（4）机翼搭建

① 在1个黄雪花上安装3个蓝杆和2个白杆。

② 在步骤1的结构上，安装1个黄雪花、1个黄杆和1个单孔花。

③ 将1个黄雪花、1个红雪花、1个双孔花，按下图用2个黄杆、2个蓝杆、2个白杆连接起来。

④ 将步骤③和步骤②的结构相连，一侧的机翼就完成了。

⑤ 重复步骤①～④，再制作另一侧机翼。

⑥ 将两侧机翼与上面的机身的蓝雪花相连，完成飞机模型的制作。

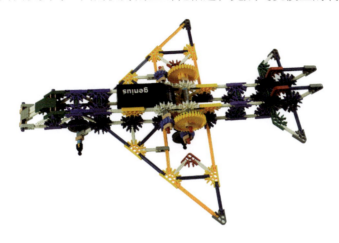

三、分析飞机模型的问题

虽然飞机模型搭建完成了，但是飞机模型好像不能起飞，这是什么原因造成的呢？我们试着利用 TRIZ 的工具分析一下吧。

1.功能分析

（1）系统完备性法则

系统完备性法则是技术系统进化法则之一。根据系统完备性法则，一个完整的技术系统必须包括动力装置、传输装置、执行装置、控制装置四个相互联系的子系统。

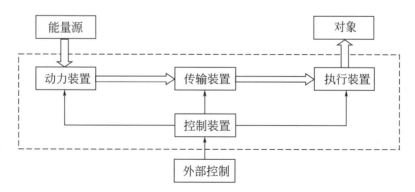

同时具备以上虚线里的四个子系统，才能满足技术系统存在最小限度的可用性。那么对于飞机系统来说，这些子系统分别是什么呢？

（2）组件分析

我们先将搭建的飞机系统模型拆解为多个系统组件。

工程系统	系统组件	超系统组件
飞机	机身 机翼 尾翼 起落架 发动机 传动轴 联轴节	电池 空气

注：1.系统组件指系统的组成部分，包括物、场和物–场的结合体；
2.超系统指系统所处环境和归属。

其中对应着系统完备性法则的四种装置及超系统的组件如下：

装置及其他项目	组件	装置及其他项目	组件
动力装置	发动机	控制装置	操纵系统 飞行仪表
传输装置	传动轴 联轴节	能量源	航空燃料/电池
执行装置	机翼 尾翼 起落架 机身	外部控制	驾驶员
		对象	乘客
		环境	空气

可以看出刚刚制作的飞机系统模型基本是完备的。下面，总结一下这架飞机模型的缺点。

2. 缺点列表

序号	功能缺点
1	飞机无法起飞
2	缺乏控制装置
3	缺乏外部控制

下面，以"缺点1：飞机无法起飞"为例，说明如何解决此类技术问题。

3.因果链分析

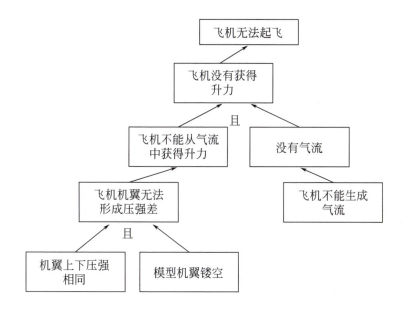

4.关键问题表

序号	关键缺点	关键问题	可能的解决方案	矛盾描述
1	飞机不能生成气流	如何让飞机生成气流	让飞机生成气流	无
2	机翼上下压强相同	如何让机翼上下压强不同	制造压强差	无
3	模型机翼镂空	如何让机翼不镂空	修补机翼空洞	无

四、用萃思方法解决飞机模型的问题

1.针对关键问题1，应用物-场模型分析

由于问题1"飞机不能生成气流"中矛盾不可见，因此采用物-场模型一般解法寻求解决方案。

第一步：识别元件。

物质 S_1，机身；物质 S_2，气流。

第二步：构造模型。

第三步：选择方法。

上面的物-场模型只有物质的存在，但两者之间没有场，是一个不完整的物-场模型，适用一般解法1"补齐物-场模型中所缺失的元素（场或物质），构造完整有效的物-场模型"。

第四步：解决方案。

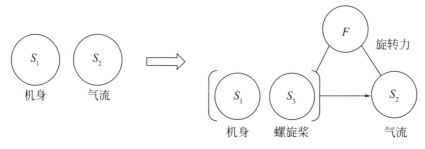

解决方案：引入S_3螺旋桨，F旋转力，在飞机上安装螺旋桨，让飞机变成直升机，通过转动螺旋桨带动气流让飞机起飞。由于机翼会增加直升机向上起飞的阻力，本方案同时需要剪裁掉飞机的机翼部分。

2.针对关键问题2，应用物-场模型分析

由于问题2"机翼上下压强相同"中矛盾不可见，因此采用物-场模型一般解法寻求解决方案。

第一步：识别元件。

物质S_1，气流；物质S_2，机翼；场F，F_{me}压强。

第二步：构造模型。

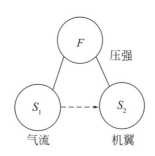

日常刮风产生的气流给予机翼的压强相等，不能提供升力。

第三步：选择方法。

上面的模型是效应不足的完整物–场模型，适用一般解法6"引入物质S_3（S_3也可由S_1或S_2改变而来），并引入场F_2提高有用效应"。

第四步：解决方案。

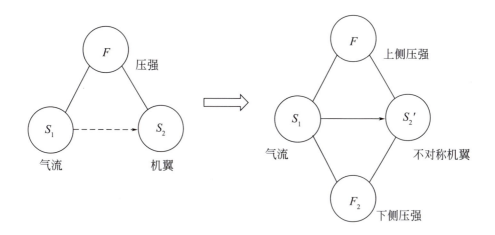

解决方案：改变S_2。根据伯努利定理，流体流速越大，压强越小；流速越小，压强越大。改造机翼的形状使机翼为不对称的流线型，且机翼与机身存在一定的仰角，当飞机向前推进时，机翼上方的气流速度较快，压强小，下方的气流速度较慢，压强大，这时产生了压力差，飞机获得升力。由于创意搭建材料的特性就是镂空结构，气流会穿过机翼，因此建议采取以创意搭建材料作为龙骨，覆盖3D打印或其他不透风的牢固材质的形式改造机翼。这个解决方案同时也适用于关键问题3。

五、飞机模型的创新与改造

同学们可以根据上面的分析，或自己提出问题和解决方案，尝试改造模型。改造前请对模型的工程参数进行测量，并填写下表。

改造原因	改造方案
飞机模型的前进速度不够快	将飞机的底轮从小轮轴换成大轮轴
改造草图	改造物料

大轮轴 2 个
红杆 1 根
垫圈若干

工程参数	测量方法及步骤	改造前测量结果	改造后测量结果
底轮的直径 L	用尺子测量	3.5 厘米	5 厘米
底轮的周长 C	$C = \pi L$	11 厘米	15.7 厘米
飞机前进速度	转速不变,测量飞机前进100厘米所需要的时间	8.3 秒	6 秒

改造结果分析:

底轮旋转一次时,改造前飞机前进 11 厘米,改造后飞机前进 15.7 厘米,在转速不变的情况下,飞机直线速度提升了 $15.7 \div 11 \approx 1.4$ 倍。

测试结果改造前速度为 $100 \div 8.3 = 12$ 厘米/秒,改造后速度为 $100 \div 6 \approx 16.6$ 厘米/秒。飞机直线速度提升了 $16.6 \div 12 \approx 1.38$ 倍。考虑到摩擦力等因素,测量结果符合预期。

【活动总结与拓展】

本次活动中,你遇到了什么困难?是如何解决的?	遇到的困难	解决的方法
本次活动中,你完成了什么样的模型?		
本次活动中,你有什么收获?		

飞机的飞行过程中还包括降落的动作,上文分析了飞机起飞和飞行的必要条件,那飞机降落过程中,又有哪些必要的操作和系统要求呢,请大家去查阅资料了解更多知识吧。

参观三坊七巷

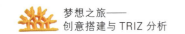
在这里，开始梦想之旅第一站，中国福州的旅程。我们将一览明清时期福州古建筑的风采。

【本站任务】

1. 学习三坊七巷的相关知识，了解牌楼的结构构成；
2. 设计并搭建牌楼模型；
3. 发挥创意，改造牌楼，让牌楼吸引更多人的注意。

一、福州与三坊七巷简介

福州，别称榕城，简称福、榕，是福建省省会。福州建城于公元前202年，历史上曾长期作为福建省的政治中心。福州是首批14个对外开放的沿海港口城市之一，海上丝绸之路门户以及中国（福建）自由贸易试验区三片区之一；福州也是近代中国最早开放的五个通商口岸之一。

三坊七巷自晋、唐形成起，便是贵族和士大夫的聚居地，在清朝及民国期间进入繁盛时期。区域内现存古民居约有270座，有159处被列入保护建筑。以沈葆桢故居、林觉民故居、严复故居等9处典型建筑为代表的三坊七巷古建筑群，被国务院公布为全国重点文物保护单位。三坊七巷为国内现存规模较大、保护较为完整的历史文化街区，是全国为数不多的古建筑遗存之一，有

"中国城市里坊制度活化石"和"中国明清建筑博物馆"的美称。2009年6月10日，三坊七巷历史文化街区获得文化和旅游部、国家文物局批准的"中国十大历史文化名街"荣誉称号。

二、牌楼模型设计与搭建

1.手绘图形

根据上面的介绍和右面的草图（正视图），请同学们画出牌楼的另外两个视角的草图。在绘制草图的过程中，同学们要思考清楚牌楼是由哪些基本图形和结构组成的。

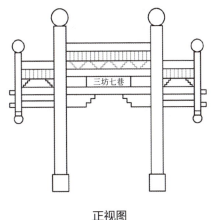

正视图

2.搭建模型

经过思考，我们大致知道了牌楼的结构组成，现在开始逐步搭建牌楼的模型。

（1）搭建立柱

① 将4个长黑杆卡在同1个白雪花上。

② 将1个步骤①的结构和1个白雪花进行连接。

③ 将1个步骤②的结构和1个白雪花进行连接，完成1个立柱。

④ 重复步骤①～③，完成牌楼的另一个立柱。此牌楼一共2个立柱。

（2）搭建基座

牌楼的整体重量都压在立柱上面，为了立柱的稳固，要有基座来固定。基座的搭建相对复杂，具体搭建步骤如下：

① 用1个红雪花和1个绿豆杆进行连接。

② 将4个步骤①和4个白杆进行连接，形成1个正方形。

③ 用1个肉色卡卡在1个白杆上。

④ 将步骤③的结构和步骤②的结构组合。注意步骤③上的肉色卡的卡头要固定在步骤②的红雪花上。

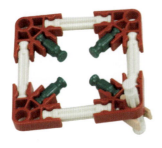

⑤ 将1个蓝垫圈和步骤④的结构结合。注意蓝垫圈套在白杆上。

⑥ 将1个圆头黑卡和步骤⑤的结构进行连接。注意圆头黑卡卡在白杆的一端。

⑦ 重复步骤③～⑥四大步骤，完成牌楼的基座。

⑧ 将步骤⑦的结构和立柱进行连接。将底座的4个绿豆杆分别卡进立柱中最下方白雪花的4个插孔里。

⑨ 重复以上步骤①～⑧，搭建2套带基座的立柱。

（3）搭建主楼顶

① 用1个红雪花和2个黄杆进行连接，共制作27个。

⑩ 将1个黄杆和2个橙色梯子进行连接，作为基座的连接件，共制作2个。

⑪ 将2个步骤⑩的结构和2个基座相连进行连接。

② 将1个步骤①的结构和1个长黑杆进行连接。注意将步骤①的红雪花的1个插孔卡在长黑杆上。

⑫ 在步骤⑪的结构的长黑杆上安装8个橙色梯子。牌楼的固定结构已经搭建完毕，接下来需要搭建"楼顶"。

③ 将27个步骤①的结构和1个步骤②的结构进行连接。注意要将步骤①的结构依次卡在步骤②结构中的长黑杆上，形成琉璃瓦顶的效果。

④ 用2个圆头黑卡分别卡在长黑杆的两端。

⑤ 将4个双孔花分别卡在最边缘的4根黄杆的一端，当作楼顶的四角。

⑥ 中间的楼最大，下面往往挂有匾额。用1根红杆和2个橙色梯子进行连接。

⑦ 将2根蓝杆分别卡在步骤⑥结构中的2个橙色梯子上。

⑧ 将4个步骤⑥的结构和步骤⑦的结构进行连接。注意要依次将步骤⑥结构中的橙色梯子插在步骤⑦结构中的蓝杆上。

⑨ 将2个步骤⑧的结构用2个橙色梯子进行连接，如下图所示。

⑩ 将3个单孔花、4个蓝垫圈，按下图顺序穿过一根红杆。共制作2个。

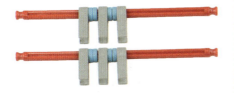

⑪ 将步骤⑩的结构卡到步骤⑨结构中的蓝杆上。

⑫ 将步骤⑪的红杆和步骤⑤的双孔花进行连接。

（4）搭建副楼顶

主顶楼往往在左右搭配有边楼，与主楼类似，依然是琉璃瓦顶，只是尺寸要偏小，位置要偏下。

① 将1个红雪花和2根蓝杆进行连接，共制作10个。

② 将1个步骤①的结构卡在1根黄杆上。

③ 将10个步骤①的结构和1个步骤②的结构进行连接。注意要将步骤①的结构依次卡在步骤②的1根黄杆上。

④ 将1个圆头黑卡插在步骤③结构中的黄杆上。完成1个边楼。

⑤ 重复步骤①～④，共完成2个边楼。

（5）组装模型

① 将主楼顶和匾额的结构、基座和立柱的结构进行连接。注意将2个立柱上的橙色梯子插在匾额结构的蓝杆上。

② 将1个黄雪花、1个绿豆杆、1根蓝杆、1根黄杆和1个圆头黑卡进行连接，完成副楼的支撑结构，共制作2个。

③ 将2个步骤②结构中的黄杆卡在步骤①的橙色梯子上。

④ 将2个边楼和步骤③进行连接。注意将主楼结构红杆上的单孔花和边楼结构上的黄杆连接在一起，并将支撑结构上的蓝杆顶住边楼结构的内部楼顶。完成牌楼模型。

三、分析牌楼模型的问题

牌楼作为一个景观建筑，最重要的功能就是供游客和居民们欣赏，但是我们的牌楼模型好像对游客们的吸引力不足，有没有什么办法可以让更多游客关注它呢？我们试着用TRIZ的工具分析一下吧。

1.功能分析

（1）组件分析

工程系统	系统组件	超系统组件
牌楼	柱子 横梁 楼顶	地面 游客

注：1.系统组件指系统的组成部分，包括物、场和物－场的结合体；

2.超系统指系统所处环境和归属。

（2）相互作用分析

	柱子	横梁	楼顶	地面	游客
柱子	/	+	+	+	+
横梁	+	/	+	－	+
楼顶	+	+	/	－	+
地面	+	－	－	/	+
游客	+	+	+	+	/

注：1.组件之间有接触（相互作用）标注＋号；

2.组件之间无接触（相互作用）标注－号。

（3）组件功能分析

组件	功能描述	功能属性	性能水平	得分	备注
柱子	支撑横梁	基本功能	正常	3	
	固定楼顶	辅助功能	正常	1	
	吸引游客	附加功能	不足	2	
	压迫地面	有害功能			
横梁	支撑楼顶	基本功能	正常	3	
	吸引游客	附加功能	不足	2	
楼顶	吸引游客	附加功能	不足	2	
地面	支撑游客	辅助功能	正常	1	

注：1.功能描述为"动词＋对象组件"的格式；

2.功能属性包括基本功能（功能对象是系统的目标）（计3分），附加功能（功能对象是超系统组件）（计2分），辅助功能（功能对象是系统其他组件）（计1分），有害功能（不得分）；

3.性能水平包括正常、不足、过量，不影响得分。

（4）功能模型图

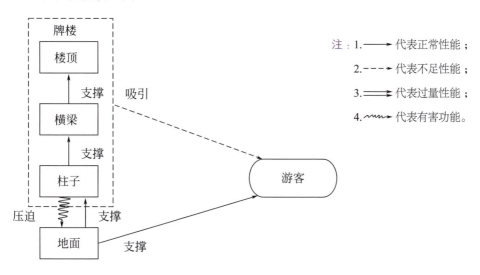

注：1. —→ 代表正常性能；
2. ---→ 代表不足性能；
3. ⇒ 代表过量性能；
4. ⌇→ 代表有害功能。

2.缺点列表

序号	功能缺点
1	对游客吸引力不足
2	当地面晃动时，支撑力不平均，牌楼会倒

四、用萃思方法解决牌楼吸引力的问题

下面，以"缺点1：对游客吸引力不足"为例，说明如何解决此类技术问题。

1.提高理想度法则

和前文应用的系统完备性法则一样，提高理想度法则也是技术系统的八大进化法则之一。根据提高理想度法则，技术系统在进化时，提高理想度的方法是提高系统有用功能之和，降低所有成本之和以及有害功能之和。

$$理想度 = \frac{\sum 有用功能}{\sum 有害功能 + \sum 成本} \longrightarrow 正无穷大$$

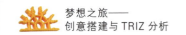
当理想度达到正无穷大的时，此时的解决方案被称作最终理想解。

针对缺点1，系统没有明显的缺点，在不计算成本的情况下，我们应当增加其有用功能的数量和质量。

2.使用特性传递法，增加牌楼有用功能数量

特性传递是指将其他技术系统的优势特性，复制到待改造的技术系统上，让其具备更多的功能。

第一步：识别系统的主要功能。

牌楼的主要功能是吸引到游客的注意力。

第二步：分析系统的优点是什么，缺点又是什么。

牌楼的优点是古代建筑，有历史沉淀，同时可以标识出道路名称。缺点是缺乏更多的资讯传递。

第三步：确定竞争系统。

可以帮助寻找道路的工具包括地图、标识牌、手机等。

第四步：寻找备选系统。

这里选择手机作为备选系统。牌楼和手机的优缺点对比如下：

工程系统	牌楼	手机
历史沉淀	有（+）	无（－）
资讯传递	少（－）	多（+）

第五步：确定基础系统。

选择牌楼作为基础系统。

第六步：识别特性来源工程系统中的造成优点的特性或者组件。

手机中最吸引人的就是可以使用各种APP应用，完成拍摄、AR、VR、游戏等功能。

第七步：将特性来源工程系统的新特性或组件移入基本系统中解决问题。

解决方案：为牌楼设计一个AR应用，通过手机相机功能，拍摄牌楼，可以出现三坊七巷的立体模型、道路指引、文化古迹推荐等，可以有效地增加牌楼的关注度。

注：可以用特性传递法，为牌楼增加更多的优质功能，比如增加灯光装饰等。

【创新改造】

同学们可以根据上面的分析，或自己提出问题和解决方案，尝试改造模型。改造前请对模型的工程参数进行测量，并填写下表。

创新改造方案

改造原因		改造方案	
改造草图		改造物料	
工程参数	测量方法及步骤	改造前测量结果	改造后测量结果
改造结果分析			

【活动总结与拓展】

本次活动中，你遇到了什么困难？是如何解决的？

本次活动中，你完成了什么样的模型？

本次活动中，你有什么收获？

对活动进行总结，可参照26页表格进行制表。

除了牌楼外，三坊七巷还有很多特色建筑模型，同学们可以试着制作这些模型，和牌楼一起组成一条小巷子出来。

漫步广州塔

今天我们来到中国广州，寻找当地的地标建筑。

【本站任务】

1. 学习广州塔的相关知识，了解广州塔的结构构成；
2. 设计并搭建广州塔模型；
3. 改造广州塔，让它更美观或者可以抵抗大风侵袭。

一、广州塔简介

广州别称羊城，中国第三大城市，说到广州，很多人都会想到广州的一个地标性建筑——广州塔。

广州塔又称广州新电视塔，因其形状奇特，被广州人亲切地称为"小蛮腰"，目前是我国第一高塔。塔身主体高454米，天线桅杆高146米。广州塔属于单一体型，主塔体为高耸结构，外观各面基本等高，平面呈椭圆形。其造型简洁、统一，轮廓分明，整个塔身盘旋而上。广州塔的塔身由下而上富有大小变化。其中，底部为短轴约60米，长轴约80米，宽高比为0.75的椭圆；中部最细处椭圆直径约为30米，宽高比为0.73。上部椭圆尺寸约为短轴40.5米，长轴54米。24根立柱的间隔距离相当，协调统一。塔身整体网状的漏风空洞，可有效减少塔身的笨重感和风荷载。塔身采用特一级的抗震设计，可抵御烈度7.8级的地震和12级台风，设计使用年限超过100年。

二、广州塔模型设计与搭建

1.手绘图形

根据上面的介绍和右面的草图（正视图），请同学们画出广州塔的另外两个视角的草图。在绘制草图的过程中，同学们要思考清楚广州塔是由哪些基本图形和结构组成的。

2.搭建模型

经过讨论后，我们大致知道了广州塔的形状，现在开始逐步搭建广州塔的模型。

正视图

（1）搭建塔座

广州塔的底座将由上下两个椭圆形和梯形组成。具体搭建步骤如下：

① 在蓝雪花左右两侧对称连接上6个平头黑扣，如下图所示，完成上椭圆的制作。

② 连接6个长灰杆和橙色梯子，完成6个支柱的制作。

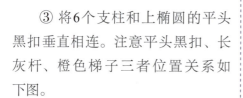

③ 将6个支柱和上椭圆的平头黑扣垂直相连。注意平头黑扣、长灰杆、橙色梯子三者位置关系如下图。

④ 将3个绿雪花如下图所示连接起来，制作两个。再用1个绿雪花连接，完成下椭圆的制作。

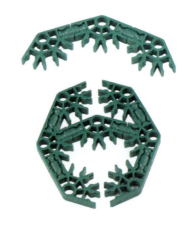

⑤ 将塔座6个立柱的长灰杆穿到上面结构的绿雪花的孔中。塔座的主体基本完成。

（2）搭建塔腰

广州塔的塔腰即是"小蛮腰"的位置，由从各个角度向内的抛物线组成，这也是本次搭建的关键点。

⑥ 准备6个黄雪花，其中4个如下图加上绿豆杆。

① 将2个蓝雪花组合成如下图的结构。

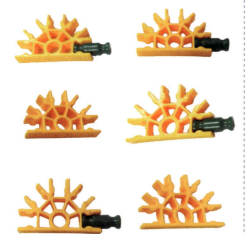

② 将4个该结构，用绿豆杆如下图连接，注意蓝雪花之间的方向关系。

⑦ 将黄雪花加到塔座底部的长灰杆尾端，完成塔座模型，注意绿豆杆无法稳定地扣上中间的黄雪花，仅仅是搭上了而已。

③ 将长灰杆横向卡到步骤②的结构中，要搭建出抛物线的形状，只能卡中间两个卡，两侧仅仅只是搭上

去，不卡住。

④ 6根长灰杆卡上去后，塔腰就完成了。注意6根抛物线是对称的。

（3）搭建塔顶

和塔底类似，塔顶也是由下面的椭圆形、梯形和塔尖天线组成。

① 在蓝雪花左右两侧对称连接上6个平头黑扣，如下图所示，完成下椭圆的制作。

② 连接6个长灰杆、橙色梯子、红雪花和绿豆杆，完成6个支柱的制作。

③ 将6个支柱和下椭圆的平头黑扣垂直相连。注意平头黑扣、长灰杆、橙色梯子三者位置关系如下图，塔顶的主体就完成了。

④ 将两个蓝雪花相连，并如下图增加一根黄杆，完成天线桅杆的制作。

⑤ 将塔顶上对称的6个绿豆杆如下图卡到天线的蓝雪花上，塔顶就完成了。

（4）组合塔身

将塔座、塔腰、塔顶三个结构从下到上，如下图，通过橙色梯子连接起来，广州塔模型就完成了。

小贴士：

1.在塔腰的制作中，建立物-场模型，蓝雪花串（S_1）通过压力场（F_{Me}）挤压长灰杆（S_2）使其保持抛物线的形状。

2.同样在塔腰的制作中，将原本的直线用曲线代替，完成了"小蛮腰"的特色造型，在TRIZ发明原理中，属于曲面化原理的一种应用。

同学们可以试着发现模型中其他的物-场模型和发明原理的应用。

三、分析广州塔模型的问题

　　每逢节假日广州塔都会被五颜六色的灯光装点，远远看去特别美丽。同学们，能不能也发挥你们的聪明才智，用你们的双手装饰一下广州塔呢？另外，刚刚制作的广州塔模型还有哪些缺点？下面我们试着分析一下。

1.功能分析

（1）组件分析

工程系统	系统组件	超系统组件
广州塔	塔座 塔腰 塔顶	地面 大风 游客

注：1.系统组件指系统的组成部分，包括物、场和物－场的结合体；
2.超系统指系统所处环境和归属。

（2）相互作用分析

	塔座	塔腰	塔顶	地面	大风	游客
塔座	/	+	−	+	+	+
塔腰	+	/	+	−	+	+
塔顶	−	+	/	−	+	+
地面	+	−	−	/	+	+
大风	+	+	+	+	/	−
游客	+	+	+	+	−	/

注：1.组件之间有接触（相互作用）标注＋号；
2.组件之间无接触（相互作用）标注－号。

（3）组件功能分析

组件	功能描述	功能属性	性能水平	得分	备注
塔顶	吸引游客	附加功能	不足	2	
塔腰	支撑塔顶	基本功能	正常	3	
	吸引游客	附加功能	不足	2	

续表

组件	功能描述	功能属性	性能水平	得分	备注
塔底	支撑塔腰	基本功能	正常	3	
	吸引游客	附加功能	不足	2	
	压迫地面	有害功能			
地面	支撑塔座	辅助功能	正常	1	
	支撑游客	辅助功能	正常	1	
大风	侵袭塔顶	有害功能			
	侵袭塔腰	有害功能			
	侵袭塔座	有害功能			

注：1.功能描述为"动词+对象组件"的格式；

2.功能属性包括基本功能（功能对象是系统的目标）（计3分），附加功能（功能对象是超系统组件）（计2分），辅助功能（功能对象是系统其他组件）（计1分），有害功能（不得分）；

3.性能水平包括正常、不足、过量，不影响得分。

（4）功能模型图

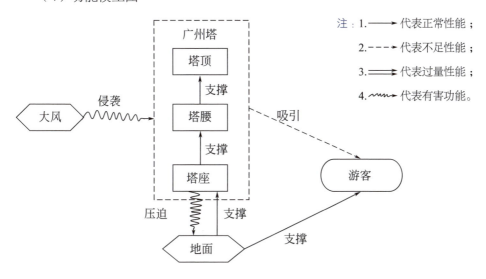

注：1.——代表正常性能；
2.---- 代表不足性能；
3.⇒ 代表过量性能；
4.〰〰 代表有害功能。

2.缺点列表

序号	功能缺点
1	风力过大会吹倒塔身
2	当地面晃动时，支撑力不平均，塔会倒
3	对游客吸引力不足

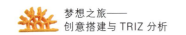
下面，以"缺点1：风力过大会吹倒塔身"为例，说明如何解决此类技术问题。

3.因果链分析

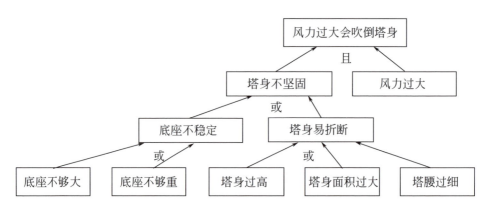

4.关键问题表

序号	关键缺点	关键问题	可能的解决方案	矛盾描述
1	底座不够大	如何让底座变大	加宽底座	无
2	底座不够重	如何让底座变重	加重底座	为了抗风需要加重底座，但会加大对地面压迫力，这是技术矛盾
3	塔身过高	如何让塔身变矮	降低塔身高度	为了抗风需要降低塔高，为了吸引游客需要增加塔高，这是物理矛盾
4	塔身面积过大	如何让塔身面积变小	减小塔身面积	为了抗风需要减小塔身面积，为了吸引游客需要增加塔身面积，这是物理矛盾
5	塔腰过细	如何让塔腰加粗	增加塔腰粗度	为了抗风需要加粗塔腰，为了吸引游客需要减细塔腰，这是物理矛盾

四、用萃思方法解决广州塔模型的问题

1.针对关键问题2，应用矛盾矩阵

由于"关键问题2如何让底座变重"中存在技术矛盾，因此采用矛盾矩阵寻求解决方案。

第一步：确定工程参数。

（1）为了抗风需要增加底座重量，这是欲改善的参数，对应到39个工程参数，选择"2静止物体的重量"。

（2）增加了重量，会对地面的压力增大，这是被恶化的参数，对应到39个工程参数，选择"11应力或压力"。

第二步：查找TRIZ矛盾矩阵表。

改善参数 ＼ 恶化参数		2	11
		静止物体的重量	应力或压力
2	静止物体的重量	+	13、29、10、18
11	应力或压力	13、29、10、18	+

第三步：选用发明原理。

参见附录2，分析了40条发明原理后，选用"10.预先作用原理"中的"预先对物体（全部或至少部分）施加必要的改变"。

解决方案：在塔身压坏地面之前，预先破坏地面，让塔身向下扎入地面中，也就是增加地基的深度和重量，来增加整个底座的重量。

2.针对关键问题3，应用空间分离原理

由于"关键问题3如何让塔身变矮"中存在物理矛盾，所以采用分离原理寻求解决方案。

第一步：定义物理矛盾。

（1）确定冲突参数。为了抗风需要降低塔高，为了吸引游客需要增加塔高，这是物理矛盾。

（2）明确第一种冲突的要求：降低塔身高度。

（3）明确第二种冲突的要求：增加塔身高度。

第二步：定义空间。

（1）实现第一种要求的空间C_1：大风刮到的塔身。

（2）实现第二种要求的空间C_2：大风刮不到的塔身。

第三步：判断条件C_1、C_2是否交叉。

C_1、C_2不交叉，可以应用空间分离原理，解决方案：将塔建立在湖边，大风刮到的塔高降低，但是加上湖里的倒影，游客眼中塔的高度是增高的，这样可以有效解决这个问题。

注：借用湖中倒影，应用了 TRIZ 40 条发明原理中的"26.复制原理"中的"用光学复制品（图像）代替实物或实物系统，可以按一定比例扩大或缩小图像"。

3.针对关键问题4，应用方向分离原理

由于"关键问题4如何让塔身面积变小"中存在物理矛盾，所以采用分离原理寻求解决方案。

第一步：定义物理矛盾。

（1）确定冲突参数。为了抗风需要减小塔身面积，为了吸引游客需要增加塔身面积，这是物理矛盾。

（2）明确第一种冲突的要求：减少塔身面积。

（3）明确第二种冲突的要求：增加塔身面积。

第二步：定义方向。

（1）实现第一种要求的方向 C_1：大风刮到的方向。

（2）实现第二种要求的方向 C_2：大风刮不到的方向。

第三步：判断条件 C_1、C_2 是否交叉。

C_1、C_2 不交叉，可以应用方向分离原理，解决方案：在刮大风的方向（台风从东南以逆时针方向刮来，所以是西北风）减少塔身迎风面面积，在没有风的方向加宽塔身面积，增加塔身椭圆程度，可以有效解决这个问题。

注：1.增加塔身椭圆程度，应用了 TRIZ 40 条发明原理中的"4.增加不对称性原理"中的"增强不对称物体的不对称性"。

2.关键问题5可采用和关键问题4一样的解决方案。

可以根据上面的分析，或自己提出问题和解决方案，尝试改造模型。改造前请对模型的工程参数进行测量。

【活动总结与拓展】

对活动进行总结，把活动遇到的困难、解决办法，以及活动收获写出来。

在这里，我们介绍了我国的第一高塔。你知道在世界上还有哪些塔比广州塔还要高吗？请查阅资料，并试着拼出来。

跨海大桥合龙

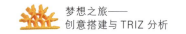
离开广州，我们来到了珠海，在穿过港珠澳大桥后，我们将在香港登上跨国邮轮，开始梦想之旅的国际航行部分。

【本站任务】

1. 学习跨海大桥的相关知识，了解跨海大桥的结构构成；
2. 设计并搭建跨海大桥模型；
3. 改造跨海大桥，让它可以供更多的车辆通行。

一、港珠澳大桥简介

港珠澳大桥是中国境内一座连接中国香港、珠海和中国澳门的桥隧工程，位于中国广东省伶仃洋区域内，为珠江三角洲地区环线高速公路南环段。港珠澳大桥东起中国香港国际机场附近的香港口岸人工岛，向西横跨南海伶仃洋后连接珠海和中国澳门人工岛，止于珠海洪湾立交；桥隧全长55千米，其中主桥29.6千米、香港口岸至珠澳口岸41.6千米；桥面为双向六车道高速公路，设计速度100千米/小时；工程项目总投资额1269亿元。港珠澳大桥因其超大的建筑规模、空前的施工难度以及顶尖的建造技术而闻名世界。

港珠澳大桥分别由三座通航桥、一条海底隧道、四座人工岛及连接桥隧、深浅水区非通航孔连续梁式桥和港珠澳三地陆路联络线组成。港珠澳大桥于

2009年12月15日动工建设；于2017年7月7日实现主体工程全线贯通；于2018年2月6日完成主体工程验收；于2018年10月24日上午9时开通运营。

二、港珠澳大桥模型设计与搭建

1.手绘图形

根据上面的介绍和下面的草图（侧视图），请试着画出跨海大桥的另外两个视角的草图。在绘制草图的过程中，同学们要思考清楚跨海大桥是由哪些基本图形和结构组成的。

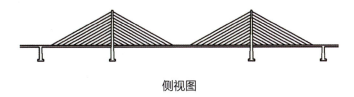

侧视图

2.搭建模型

下面开始逐步搭建跨海大桥的模型。

（1）搭建桥墩

① 用2个紫雪花组成如下图的紫紫结构，共制作8个。

② 用步骤①的4个紫紫结构，用4根蓝杆组合成一个正方形。共制作2个正方形。注意紫雪花豁口部分朝上。

③ 将两个正方形用黄杆连接起来，变成一个长方体。

④ 用1个紫雪花和1个蓝雪花组成如下图的蓝紫结构，共制作8个。

⑤ 将步骤④的4个蓝紫结构，用4根蓝杆组合成一个正方形。共制作2个正方形。注意蓝雪花的方向。

⑥ 将两个正方形用白杆连接起来，变成一个长方体。注意，2个正方形的豁口方向朝同一侧。

⑦ 在步骤⑥的长方体的正方形面上，安装2块大方板。

⑧ 将步骤⑦和步骤③的两个长方体用4个绿豆杆相连，完成桥墩的制作。

⑨ 重复以上步骤，制作4个桥墩。

（2）搭建锁塔

① 由2个紫雪花组成如右图的紫紫结构，共制作16个。

② 步骤①的4个紫紫结构，用4根蓝杆组合成一个正方形。共制作2个正方形。注意紫雪花豁口部分朝上，共制作4个。

③ 将4个步骤②的紫紫结构，用12根蓝杆，组装成一个由3个正方形叠加组成的长方体。

④ 在步骤③的每个正方体紫雪花斜45°的卡扣上安装4根黄杆，黄杆共用了12根。

⑤ 将步骤④的结构与桥墩用白杆连接起来。

⑧ 将步骤⑦的结构用4个绿豆杆安装到步骤⑤的长方体的顶部，锁塔就完成了。

⑥ 由2个蓝雪花组合成如右图的蓝蓝结构，共制作8个。

⑦ 制作5个步骤⑥的蓝蓝结构，用4根蓝杆连接成一个正四棱锥，注意蓝蓝结构的位置。在锥尖位置安装1根蓝杆。

⑨ 重复以上步骤，共制作2个锁塔。

（3）搭建桥面

① 用2个紫雪花组成如下图的紫紫结构，共制作4个。

② 用步骤①的4个紫紫结构，用4根蓝杆组合成一个正方形。注意紫雪花豁口部分朝前。

③ 用1个紫雪花和1个蓝雪花组成如下图的蓝紫结构，共制作4个。

④ 将步骤③的4个蓝紫结构，用4根蓝杆组合成一个正方形。注意蓝雪花的方向。

⑤ 将步骤②和步骤④的2个正方形用4根白杆组成一个长方体。注意，2个正方形的豁口方向朝同一侧。

⑥ 在步骤⑤结构的正方形面上安装2个大红方板。

⑦ 将步骤⑥的结构向两侧延展，不断增加长度到7个正方形（跨径7），注意两侧的方板上不连接蓝紫结构和紫紫结构，具体样式见下图。跨径7的桥面就制作好了。

⑧ 制作2个步骤①，2个步骤②的结构，用2根白杆，2根蓝杆连接起来。

⑨ 在步骤⑧的结构两侧安装8根蓝杆。

⑩ 在步骤⑨的结构上安装4个大方板，跨径为2的桥面就制作好了。

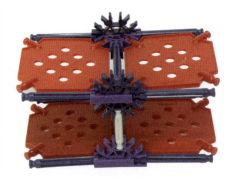

⑪ 重复步骤⑧～⑩，共制作4个跨径2的桥面。

⑫ 将桥面、桥墩、锁塔按"跨径2桥面+桥墩+跨径2桥面+锁塔+跨径7桥面+锁塔+跨径2桥面+桥墩+跨径2桥面"的顺序连接起来。具体样式见下图。

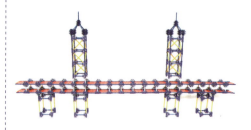

（4）安装钢索

① 在1根红杆上安装1个单孔花，本结构制作4个。

② 用1个橙色梯子将1根黄杆和1根蓝杆连接起来，在蓝杆另一侧安装1个单孔花，本结构制作4个。

③ 在1根长灰杆上安装1个单孔花，本结构制作4个。

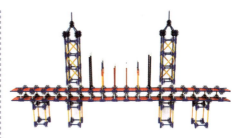

④ 将步骤①～③的结构安装到跨径7的桥面上的蓝紫雪花上。

⑤ 将2根长绳分别穿过两侧的单孔花内，绳子的两端拴在锁塔的顶端。具体样式如下图。这样我们的跨海大桥就完成了。

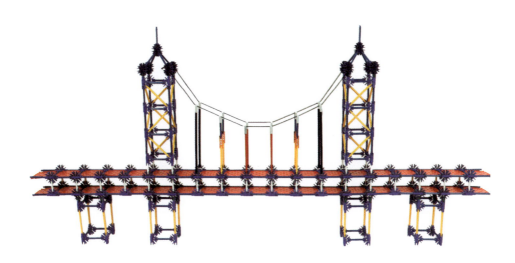

三、分析港珠澳大桥模型的问题

跨海大桥可以让更多的人坐车通行两地，但是有车的地方就有堵车的风险，为了让更多的人更快地通过大桥，我们试着用TRIZ分析出合适的解决方案吧。

1.功能分析

（1）组件分析

工程系统	系统组件	超系统组件
跨海大桥	锁塔 桥墩 桥面 钢索	台风 海浪 车辆

注：1.系统组件指系统的组成部分，包括物，场和物－场的结合体；

2.超系统指系统所处环境和归属。

（2）相互作用分析

	锁塔	桥墩	桥面	钢索	台风	海浪	车辆
锁塔	/	－	+	+	+	+	－
桥墩	－	/	+	－	+	+	－
桥面	+	+	/	+	+	－	+
钢索	+	－	+	/	+	－	－
台风	+	+	+	+	/	+	－
海浪	+	+	－	－	+	/	－
车辆	－	－	+	－	－	－	/

注：1.组件之间有接触（相互作用）标注+号；

2.组件之间无接触（相互作用）标注－号。

（3）组件功能分析

组件	功能描述	功能属性	性能水平	总分	备注
锁塔	支撑桥面	辅助功能	正常	1	
	固定钢索	基本功能	正常	3	
桥墩	支撑桥面	基本功能	正常	3	
桥面	支撑车辆	基本功能	正常	3	
钢索	固定桥面	基本功能	正常	3	
台风	侵袭锁塔	有害功能			
	侵袭桥墩	有害功能			
	侵袭桥面	有害功能			
	侵袭钢索	有害功能			
	吹起海浪	有害功能			

续表

组件	功能描述	功能属性	性能水平	总分	备注
海浪	冲刷锁塔	有害功能			
	冲刷桥墩	有害功能			

注：1.功能描述为"动词+对象组件"的格式；

2.功能属性包括基本功能（功能对象是系统的目标）（计3分），附加功能（功能对象是超系统组件）（计2分），辅助功能（功能对象是系统其他组件）（计1分），有害功能（不得分）；

3.性能水平包括：正常、不足、过量，不影响得分。

（4）功能模型图

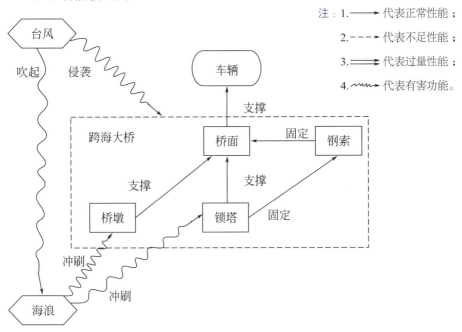

注：1.——→ 代表正常性能；

2.- - -→ 代表不足性能；

3.===⇒ 代表过量性能；

4.〰〰➤ 代表有害功能。

2.缺点列表

序号	功能缺点
1	大桥可以满足的车流量有限，有堵车的风险
2	台风可能会吹倒大桥
3	海浪的冲刷会腐蚀大桥的锁塔和桥墩

下面，以"缺点1：大桥可以满足的车流量有限，有堵车的风险"为例，说明如何解决此类技术问题。

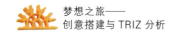
3.因果链分析

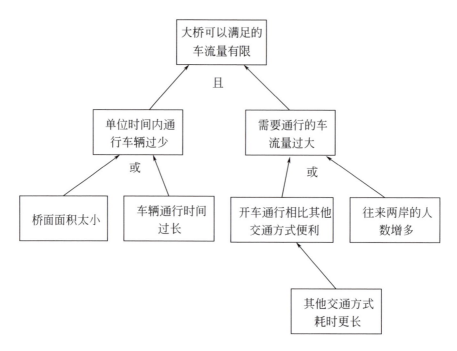

4.关键问题表

序号	关键缺点	关键问题	可能的解决方案	矛盾描述
1	车辆通行时间过长	如何缩短车辆通行时间	加快车速	不同车辆、不同驾驶员驾驶的速度都不一样，有的车辆需要加快速度，有的车辆需要保持速度不变，这是物理矛盾
2	桥面面积太小	如何让桥面的面积增加	增加桥面面积	为了增加可通行车辆数量，需要增加桥面面积。为了防止在台风中，台风和海浪冲毁桥面，桥面应该缩小或保存现有面积，这是物理矛盾
3	其他交通方式耗时更长	如何缩短其他交通方式耗时	增加其他交通方式的种类和频率	无

四、用萃思方法解决大桥模型的问题

1.针对关键问题1，应用条件分离原理

由于"关键问题1如何缩短车辆通行时间"中存在物理矛盾，因此采用分离原理寻求解决方案。

第一步：定义物理矛盾。

（1）确定冲突参数。不同车辆、不同驾驶员的驾驶速度都不一样，有的车辆需要加快速度，有的车辆需要保持速度不变，这是物理矛盾。

（2）明确第一种冲突的要求：增加车辆速度。

（3）明确第二种冲突的要求：保持车辆速度。

第二步：定义条件。

（1）实现第一种要求的条件C_1：驾驶员可以开更快速度时。

（2）实现第二种要求的条件C_2：驾驶员不能开更快的速度时。

第三步：判断条件C_1、C_2是否交叉。

C_1、C_2不交叉，可以应用条件分离原理。

解决方案：在台风或其他危险环境下，对所有车辆进行限速，不允许驾驶员开更快的速度，在没有危险的环境下，设置不同的车辆通行道，让不同车速的车辆分开行驶。

2.针对关键问题2，应用物理矛盾对应的通用工程参数解决问题

由于"关键问题2如何让桥面的面积增加"中存在物理矛盾，因此采用物理矛盾对应的通用工程参数寻求解决方案。

第一步：定义物理矛盾。

确定冲突参数。为了增加可通行的车辆数量，需要增加桥面面积。为了防止在台风中，台风和海浪冲毁桥面，桥面应该缩小或保存现有面积，这是物理矛盾。

第二步：选取工程参数。

在这个问题中，我们需要用到"物理矛盾相应的通用工程参数与发明原理对应表"，这个表里的通用工程参数扩展48个，同时也对应有2003版的矛

盾矩阵（Matrix 2003）。这里需要改变的是桥面的面积，我们选取的工程参数是"6.静止物体的面积"。

第三步：选取发明原理。

针对工程参数"6.静止物体的面积"，可采用的发明原理包括：17、35、3、14、4、1、28、13。这里我们选用"17.空间维数变化原理"中的"单层排列的物体变为多层排列"。

解决方案：我们将桥面变为双层桥面，这样可以增加一倍的桥面面积，提升至少一倍的运载量，且不会增加台风和海浪造成损害的可能性。

注：增加第二层桥面的方法可以和上面不同速度的车辆行驶不同道路的方案结合，可以更有效地解决桥梁运载能力的问题。

【活动总结与拓展】

同学们可以根据上面的分析，或自己提出问题和解决方案，尝试改造模型。改造前请对模型的工程参数进行测量。

本次活动中，你遇到了什么困难？是如何解决的？本次活动中，你完成了什么样的模型？本次活动中，你有什么收获？

同学们各自都完成了自己的跨海大桥模型，试着将大家的模型合并成一个更长的跨海大桥吧。

换乘邮轮

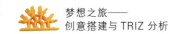
穿过港珠澳大桥，来到中国香港，在维多利亚港搭乘跨国邮轮后，我们将开始越南—印尼—印度—埃及—希腊—意大利的国际航行。

【本站任务】

1. 学习邮轮的相关知识，了解邮轮的结构构成；
2. 设计并搭建邮轮模型；
3. 改造邮轮，让邮轮可以更快地运动。

一、邮轮简介

邮轮的原意是指海洋上的定线、定期航行的大型客运轮船。"邮"字本身具有交通的含义，而且过去跨洋邮件总是由这种大型快速客轮运载，故此得名。

按照邮轮船型大小，可以将邮轮划分为大型邮轮、中型邮轮和小型邮轮。大型邮轮载客量一般在2000人以上，中型邮轮载客量一般为1000～2000人，小型邮轮载客量一般在1000人以下。按照邮轮航行的水域，可以将邮轮划分为远洋邮轮、近洋邮轮和内河邮轮。远洋邮轮一般航程较长，航期约为10～15天，甚至更长；近洋邮轮和内河邮轮航程较短，航期一般在7天左右或者以内。

但由于后来喷气民航机的出现，远洋邮轮渐渐丧失了载客、载货功能的竞争力，远洋邮轮的角色，亦由邮轮演变为只供游乐的游轮。所以严格上来说，一些旅程或长或短的玩乐式邮轮，由于它丧失了运载信件

和包裹的功能，只能称之为游轮，而不是邮轮。跟远洋邮轮不同的是，游轮通常不会横渡海洋，而是以最普遍的绕圈方式行驶，起点和终点港口通常也是同一港口。游轮的旅程通常也比较短，少至1～2天，多至1～2周。

二、邮轮模型设计与搭建

1.手绘图形

根据上面的介绍和右侧的草图（侧视图），请试着画出邮轮的另外两个视角的草图。在绘制草图的过程中，请思考清楚邮轮是由哪些基本图形和结构组成的。

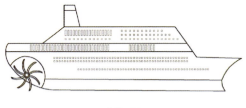

侧视图

2.搭建模型

下面开始逐步搭建邮轮的模型。

（1）搭建船尾

① 连接1个绿雪花和1个绿豆杆，共制作2个。

② 将2个步骤①的结构卡在2根蓝杆上。

③ 连接1个黄雪花和1个绿豆杆，共制作2个。

④ 将2个步骤③的结构卡在2根蓝杆上。

⑤ 连接步骤②和步骤④的结构，如下图所示。

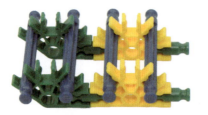

⑥ 将2个双孔花卡在1根蓝杆上。

⑦ 将1根黄杆穿过步骤⑥中结构的2个双孔花的圆孔里，并在黄杆两端各加2个蓝垫圈和1个灰垫圈，最后用2个绿雪花分别扣住黄杆的两端。

⑧ 将步骤⑤和步骤⑦结构连接，完成船尾。

（2）搭建船底

① 将2个灰雪花组合成灰灰结构，共制作2个。

② 在步骤①的结构上插入1根白杆、2根蓝杆，共制作2个。

③ 将1个蓝雪花和1个灰雪花组合成蓝灰结构，共制作2个。

④ 用2个步骤③的结构和3根白杆进行连接。

⑤ 将2个步骤②的结构与步骤④的结构连接。

⑥ 用4根软杆和步骤⑤结构连接，组成船底基本轮廓。

⑦ 用1个绿豆杆和1个绿雪花连接。

⑧ 将2个步骤⑦的结构连在一起。

⑨ 将1根白杆、1个灰垫圈、1个双孔花和1个肉色卡连接。

⑩ 将步骤⑧的结构，一端与1个白雪花连接，另一端与步骤⑨白杆连接组装成船头。

⑪ 将步骤⑥的软杆和步骤⑩的白雪花进行组合，在2根软杆的一端分别连上2个绿雪花。

⑫ 将船底的绿雪花和船尾连接。

（3）搭建船身

① 将1个白雪花和2根白杆组合，共制作2个。

② 将2个步骤①的结构用1根白杆连接。

③ 将1个蓝雪花和1个灰雪花组成蓝灰结构。

④ 用4个蓝灰结构和1个步骤③的结构用6根白杆连接。

⑤ 连接2个绿雪花、2个绿豆杆、1根白杆连接。

⑥ 用2个灰雪花组合成灰灰结构，共制作2个。

⑦ 连接步骤⑤的结构和2个灰灰结构，并安装1根黄杆。重复步骤⑤、步骤⑥，再重复前面的步骤，得到2个下图的结构。

⑧ 将2个步骤⑦和步骤④的结构进行连接，完成船身中部甲板。

⑨ 连接1个白雪花和4个绿豆杆，共制作5个。

⑩ 将5个步骤⑨的结构用5根白杆连接，如下图所示。

⑪ 将1个绿雪花、1个绿豆杆和1根白杆组合，共制作2个。

⑫ 将2个步骤⑪和步骤⑩的结构连接，组成船身的尾部甲板。

⑬ 用1个黄雪花、3个绿豆杆和1根白杆连接在一起，共制作2个。

⑭ 将1个步骤⑨和2个步骤⑬的结构连接。

⑮ 将1个蓝雪花、2个绿豆杆和1个单孔花连接，共制作2个。

⑯ 用1根白杆和1个红雪花将2个步骤⑮的结构进行连接。

⑰ 将步骤⑭和步骤⑯结构进行组合，如下图所示。

⑱ 将2根软杆分别穿过步骤⑰的2个单孔花，完成船身的头部甲板的制作。

⑲ 将步骤⑧、步骤⑫、步骤⑱三组甲板连接在一起，完成船身部分的搭建。

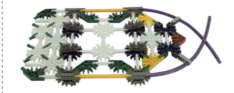

⑳ 将船底和船身组装，如下图所示。

（4）搭建船舱

① 将2个黄雪花、1个白雪花、1个红雪花、1个绿雪花用6根白杆连接在一起，如下图所示。

② 将2根蓝杆、2根白杆、1个绿雪花和1个蓝雪花连接在一起。

③ 将步骤①和步骤②结构连接在一起。

④ 在步骤③的结构上安装1块三角板，完成船舱的一个侧面。

⑤ 重复步骤①～④，再做出第二个船舱侧面。

⑥ 用4根黄杆将2个船舱侧面穿在一起，并在黄杆两侧，安装8个圆头黑卡。完成船舱模型。

⑦ 将船舱和船身组装在一起。

（5）搭建动力装置

① 将1个白雪花和8个绿豆杆组装在一起。

② 用1个步骤①的结构和8个双孔花连接在一起，组成1个螺旋桨。重复步骤①、步骤②，制作2个螺旋桨。

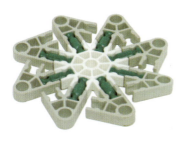

③ 将1根红杆插入电机的圆孔里。

④ 将1个白雪花、1根白杆和1个橙色梯子连接成结构，共制作2个，并穿过步骤③的红杆两侧。将2个灰垫圈穿过红杆两侧，并用2个肉色卡卡住。

⑤ 将2个螺旋桨穿过步骤④红杆两侧，注意2个肉色卡要分别固定住2个螺旋桨。

⑥ 将2个灰垫圈和2个蓝垫圈分别套在步骤⑤的红杆两侧，并用2个圆头黑卡固定住。

⑦ 将步骤⑥的2个橙色梯子卡在船身尾部甲板的2根白杆上，完成邮轮模型。

三、分析邮轮模型的问题

　　邮轮模型搭建完成了，根据系统完备性法则，邮轮模型也基本满足，可以动起来了。但是真正的邮轮在海上行驶，是如何做到又快又稳的呢？我们试着用TRIZ工具分析一下。

1.功能分析

（1）组件分析

工程系统	系统组件	超系统组件
邮轮	船身 控制室 发动机 螺旋桨 传动轴	游客 海水 大风

　　注：1.系统组件指系统的组成部分，包括物、场和物－场的结合体；

　　2.超系统指系统所处环境和归属。

（2）相互作用分析

	船身	控制室	发动机	螺旋桨	传动轴	游客	海水	大风
船身	/	+	+	+	+	+	+	+
控制室	+	/	−	−	−	−	−	−
发动机	+	+	/	+	+	−	−	−
螺旋桨	+	−	−	/	+	−	+	−
传动轴	+	−	+	+	/	−	−	−
游客	+	−	−	−	−	/	−	−
海水	+	−	−	+	−	−	/	+
大风	+	−	−	−	−	−	+	/

注：1.组件之间有接触（相互作用）标注"+"号；

2.组件之间无接触（相互作用）标注"−"号。

（3）组件功能分析

组件	功能描述	功能属性	性能水平	总分	备注
船身	运载游客	基本功能	正常	3	
	支撑控制室	辅助功能	正常	1	
	固定发动机	辅助功能	正常	1	
	固定传动轴	辅助功能	正常	1	
	固定螺旋桨	辅助功能	正常	1	
控制室	操控发动机	基本功能	正常	3	
发动机	转动传动轴	基本功能	正常	3	
螺旋桨	推动船身	基本功能	正常	3	
	搅动海水	有害功能			
传动轴	转动螺旋桨	基本功能	正常	3	
海水	托起船身	附加功能	正常	2	
大风	侵袭船身	有害功能			
	吹起海水	有害功能			

注：1.功能描述为"动词+对象组件"的格式；

2.功能属性包括基本功能（功能对象是系统的目标）（计3分），附加功能（功能对象是超系统组件）（计2分），辅助功能（功能对象是系统其他组件）（计1分），有害功能（不得分）；

3.性能水平包括正常、不足、过量，不影响得分。

（4）功能模型图

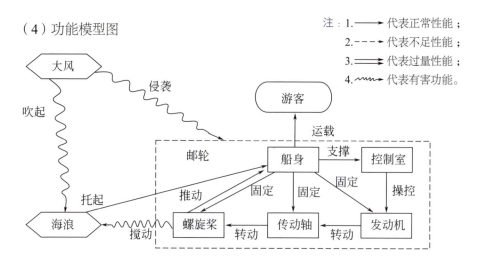

注：1. ⟶ 代表正常性能；
2. ---→ 代表不足性能；
3. ⟹ 代表过量性能；
4. ⟿ 代表有害功能。

2.缺点列表

序号	功能缺点
1	邮轮的航行速度不快
2	大风吹起海浪会吹翻邮轮
3	邮轮的运载能力有限

下面，以"缺点1：邮轮的航行速度不快"为例，说明如何解决此类技术问题。

3.因果链分析

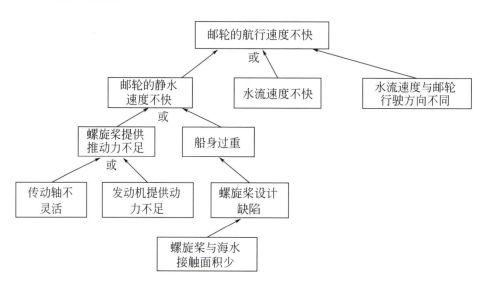

4.关键问题表

序号	关键缺点	关键问题	可能的解决方案	矛盾描述
1	船身过重	如何减轻船身负重	减轻船身负重	为了让邮轮速度更快，需要减轻船身重量，为了让邮轮在海上航行更稳，需要增加船身重量，这是物理矛盾
2	螺旋桨与海水接触面积少	如何增加螺旋桨与海水接触面积	增加螺旋桨与海水接触面积	无

四、用萃思方法解决邮轮模型的问题

1.针对关键问题1，应用物理矛盾对应的通用工程参数解决问题

"关键问题1如何减轻船身负重"中存在物理矛盾，因此采用物理矛盾对应的通用工程参数寻求解决方案。

第一步：定义物理矛盾。

确定冲突参数。为了让邮轮速度更快，需要减轻船身重量，为了让邮轮在海上航行更稳，需要增加船身重量，这是物理矛盾。

第二步：选取工程参数。

在这个问题中，需要用到"物理矛盾相应的通用工程参数与发明原理对应表"，这里需要改变的是邮轮的重量，选取的工程参数是"1.运动物体的重量"。

第三步：选取发明原理。

针对工程参数"1.运动物体的重量"，可采用的发明原理包括：35、28、31、8、2、3、10。这里选用"8.重量补偿原理"中的"将某一物体与另一能提供升力的物体组合，以补偿其重量"。

解决方案：考虑到同样利用升力完成功能的另一交通工具为飞机，通过特性传递的方式，将飞机产生升力的装置，机翼传递到邮轮上，在邮轮底部安装水翼，借助水流产生的压强差，托起邮轮，当遇到风浪时，收起水翼，邮轮的浮力变小，又可以稳定地行驶了。

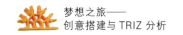
2.针对关键问题2，应用物-场模型分析

由于"关键问题2如何增加螺旋桨与海水接触面积"中矛盾不可见，所以采用物-场模型标准解法寻求解决方案。

第一步：识别元件。

物质 S_1，螺旋桨；物质 S_2，海水；场 F，F_{Me} 推动力。

第二步：构造模型。

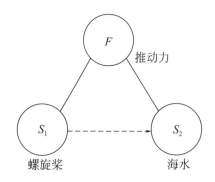

由于螺旋桨与海水接触面积不足，无法提供足够的推动力。

第三步：选择方法。

上面的模型是效应不足的完整物-场模型，适用标准解法 S_2 "强化完善物-场模型"和标准解法 S_3 "向超系统或微观级系统转化"。这里选用标准解法 S 3.1.1 "系统转化 1a：创建双、多级系统"。

第四步：解决方案。

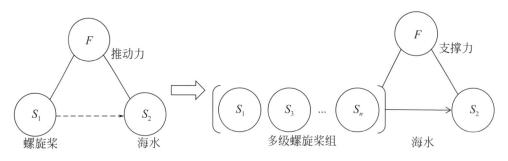

解决方案：引入 $S_3 \sim S_n$，即螺旋桨，并将螺旋桨组合成多级螺旋桨组，数倍增加螺旋桨与海水面积，将多级螺旋桨组安装到筒状的结构中，通过多级加速，向后排出海水，可以有效增强邮轮的速度。

【活动总结与拓展】

　　同学们可以根据上面的分析，或自己提出问题和解决方案，尝试改造模型。改造前请对模型的工程参数进行测量。

　　本次活动中，你遇到了什么困难？是如何解决的？本次活动中，你完成了什么样的模型？本次活动中，你有什么收获？

　　在创新改造环节，我们从飞机上传递了机翼产生升力的特性，除了飞机外，还有各种不同的交通工具，尝试下从其他的交通工具上，传递更多的特性，看看邮轮会变成什么交通工具。

独柱寺

现在我们来到了越南河内，来寻找有越南特色的风土人情。

【本站任务】

1.认识独柱寺的相关知识，了解独柱寺的结构构成；
2.设计并搭建独柱寺模型；
3.发挥创意，改造独柱寺。

一、独柱寺简介

　　河内，是越南的首都，越南第二大城市，位于越南北部的红河三角洲，面积3300多平方公里，人口700多万人。约在3000年前河内一带开始有人类居住，是一座拥有1000多年历史的古城。从11世纪起河内就是越南政治、经济和文化中心，历史文物丰富，名胜古迹遍布，享有"千年文物之地"的美称。

　　独柱寺是越南独具一格的古迹之一，位于河内巴亭广场西南，因建在灵沼池中一根大石柱上而得名。据传1049年的李朝李太宗梦见观音菩萨手托婴儿，立于水池莲花台上，不久李太宗老年得子，乃下令仿出水莲花建寺，故独柱寺似出水莲花。原寺1954年法国撤军时被炸毁，仅存石柱。1955年在原址依原样重建。规模小于原建，但其艺术风格仍旧保留。

二、独柱寺模型设计与搭建

1.手绘图形

根据上面的介绍和右侧的草图（侧视图），试着画出独柱寺的另外两个视角的草图。在绘制草图的过程中，请思考独柱寺是由哪些基本图形和结构组成的。

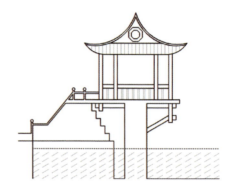

2.搭建模型

下面开始逐步搭建独柱寺的模型。

侧视图

（1）搭建亭身

① 将蓝雪花和紫雪花组合成如下图结构。制作4个该结构。

② 再将4个蓝紫结构用4根黄杆连起来，组成一个正方形，蓝紫结构的凸出部分上，注意紫雪花的方向要朝向正方形的中心点。

③ 在蓝紫结构凸出部分，垂直于正方形，连接4根黄杆，作为亭子的纵梁，支撑整个亭顶。

④ 将3根黄杆和4个黄雪花组成一个半包围的正方形，作为亭子的围栏。

⑤ 将步骤④结构中的4个红雪花套到步骤③纵梁的4根黄杆里。

⑥ 在围栏和底座2根黄杆间，加上橙色梯子，作为围栏的支柱。

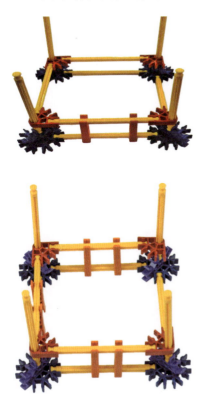

⑦ 将1个蓝紫结构连接上4根蓝杆、4个绿豆杆和4个黄雪花，作为亭子的底座，如下图。

⑧ 将底座与步骤⑥的亭身连接起来。

⑨ 将2个黄杆和2个单孔花连接，作为亭子的门扉。

⑩ 将2扇门扉，装到步骤⑧的半包围正方形的红雪花上。

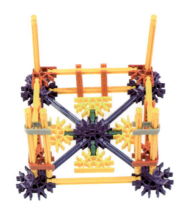

⑪ 横梁垂直于纵梁，在建筑中是支撑亭顶的重要结构，亭子的横梁，一般为正方形，应用榫卯结构固定。在本模型中，先用2个绿雪花、1根黄杆、2个绿豆杆完成X轴的横梁制作。制作2个如下图所示结构。

⑫ 再用红杆，横向卡到绿雪花45°角里，两侧的绿雪花各卡一个。用2根红杆就可以完成1个正方形的横梁框架了。

⑬ 将2个绿雪花、1个绿豆杆、2个平头黑卡连接起来，作为牌匾。

⑭ 将牌匾和横梁框架上的黄杆连接。

⑮ 将步骤⑩的底座的4根黄杆和横梁结构的4个绿雪花相连，亭身就搭建完成了。

（2）搭建亭顶

① 将1个绿雪花和1个绿豆杆相连，作为屋檐，并卡到亭身的红杆

上，两侧的红杆加满绿雪花和绿豆杆，共36个，一侧18个。

② 将1个红雪花、2个黄雪花、2个橙色梯子，用绿豆杆相连。作为亭顶，本结构制作18个。

③ 将2个步骤②结构加上一个黄雪花，3根白杆，2个绿豆杆，作为亭顶两侧。

④ 将步骤③的结构上加上2根红杆，作为亭顶的横梁。

⑤ 将步骤②中剩余的16个亭顶逐个卡在红杆的横梁上，再将步骤③的结构装在最后。亭顶就完成了。

⑥ 将2个绿雪花、1个灰雪花用绿豆杆相连。如下图。

⑧ 制作1个蓝紫结构加上1个绿豆杆，再制作4个绿豆杆加肉色卡的结构。

⑨ 将步骤⑧中的绿豆杆，分别卡到亭子底座以及黄雪花的孔里面，作为石桌、石凳。亭子就全部完成了。

⑦ 用步骤⑥的绿雪花的90°角连接亭顶与亭身。注意：放置亭顶时，亭顶的红杆横梁是平行于亭身的黄杆横梁的，将四周的结构都连上。

（3）改装独柱寺

① 将2个紫雪花，相互连接，制作出紫紫结构。共制作8个。

② 制作1个蓝紫结构，用4个绿豆杆，和4个紫紫结构相连。本结构制作2个。

③ 步骤②中的1个结构，连接上4根蓝杆，如下图。

④ 步骤②中的另一个，连接上4根白杆，如下图。

⑤ 将步骤③和步骤④中的结构，用5根黄杆相互连接，做出独柱。

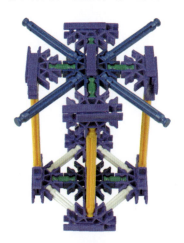

⑥ 将原凉亭的底座从蓝杆处拆除，换成步骤⑤的柱子。

⑦ 将5个黄雪花按3横2竖交错的样式，扣上1根蓝杆，竖向两个黄雪花扣上一根蓝杆。具体结构如下图。

⑧ 制作4个步骤⑦的结构，并将它们连接起来。

⑨ 将步骤⑧结构中最顶端的3个黄雪花，扣到凉亭底座的黄杆上，独柱寺的模型就完成了。

三、分析独柱寺模型的问题

1.功能分析

（1）组件分析

工程系统	系统组件	超系统组件
独柱寺	独柱 地板 寺身 寺顶 台阶	湖底 湖水 游客

注：1.系统组件指系统的组成部分，包括物、场和物－场的结合体；
2.超系统指系统所处环境和归属。

（2）相互作用分析

	独柱	地板	寺身	寺顶	台阶	湖底	湖水	游客
独柱	/	+	−	−	−	+	+	+
地板	+	/	+	−	+	−	−	+
寺身	−	+	/	+	−	−	−	−
寺顶	−	−	+	/	−	−	−	−
台阶	−	+	−	−	/	−	−	+
湖底	+	−	−	−	−	/	+	−
湖水	+	−	−	−	−	+	/	−
游客	+	+	+	+	+	−	−	/

注：1.组件之间有接触（相互作用）标注"+"号；
2.组件之间无接触（相互作用）标注"−"号。

（3）组件功能分析

组件	功能描述	功能属性	性能水平	得分	备注
独柱	支撑地板	基本功能	正常	3	
	吸引游客	附加功能	不足	2	
	压迫湖底	有害功能			

组件	功能描述	功能属性	性能水平	得分	备注
地板	支撑寺身	基本功能	正常	3	
	支撑游客	附加功能	正常	2	
寺身	支撑寺顶	基本功能	正常	3	
	吸引游客	附加功能	不足	2	
寺顶	吸引游客	附加功能	不足	2	
台阶	连通地板	基本功能	正常	3	
	支撑游客	附加功能	正常	2	
湖水	侵蚀独柱	有害功能			
湖底	支撑独柱	辅助功能	正常	1	
	支撑湖水	辅助功能	正常	1	

注：1.功能描述为"动词+对象组件"的格式；

2.功能属性包括基本功能（功能对象是系统的目标）（计3分），附加功能（功能对象是超系统组件）（计2分），辅助功能（功能对象是系统其他组件）（计1分），有害功能（不得分）；

3.性能水平包括正常、不足、过量，不影响得分。

（4）功能模型图

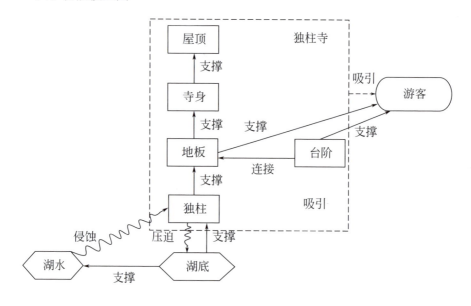

注：1. ——→ 代表正常性能；　　3. ⇒ 代表过量性能；

2. ----→ 代表不足性能；　　4. ∿∿→ 代表有害功能。

2.缺点列表

序号	功能缺点
1	寺身过于简陋，无法有效避雨
2	发生地震时，独柱寺可能会倒塌
3	湖水对独柱的侵蚀，可能会导致独柱寺倒塌
4	独柱寺美观性不足，不能有效吸引游客

下面，以"缺点2：发生地震时，独柱寺可能会倒塌"为例，说明如何解决此类技术问题。

3.因果链分析

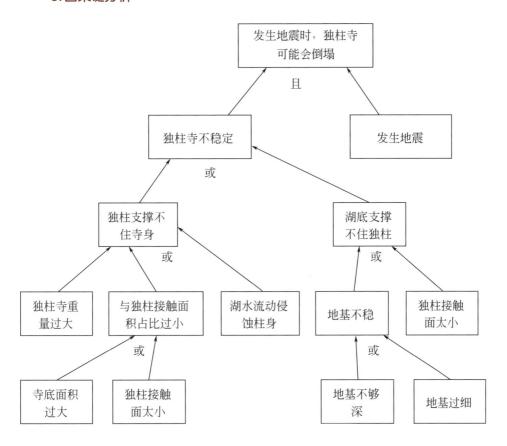

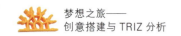
4.关键问题表

序号	关键缺点	关键问题	可能的解决方案	矛盾描述
1	独柱寺重量过大	如何让独柱寺减重	独柱寺减重	减轻独柱寺重量虽然可以减小对独柱的压力，但在地震中过轻的寺身更容易倾倒，此方案无可行性
2	寺底面积过大	如何让寺底面积变小	减小寺底面积	为了扩大与独柱接触面积，需缩小寺底面积，但缩小寺底面积会减少可参观的人数，这是技术矛盾
3	独柱接触面太小	如何让独柱与寺身的接触面变大	加大独柱与寺身接触面	无
4	地基不够深	如何加深地基	加深地基深度	无
5	地基过细	如何加粗地基	加粗地基宽度	无
6	湖水流动侵蚀柱身	如何减少湖水流动对独柱的侵蚀	减少湖水流动对独柱的侵蚀	无

四、用萃思方法解决独柱寺模型的问题

1.针对关键问题2，应用矛盾矩阵

第一步：确定工程参数。

（1）为了扩大与独柱接触面积，需缩小寺底面积，这是欲改善的参数，对应到39个工程参数，选择"6静止物体的面积"。

（2）缩小寺底面积会减少可参观的人数，这是被恶化的参数，对应到39个工程参数，选择"39生产率"（这里的生产率指单位时间内接待的人数）。

第二步：查找TRIZ矛盾矩阵表。

恶化参数 改善参数		6	39
		静止物体的面积	生产率
6	静止物体的面积	+	10、35、17、7
39	生产率	10、15、17、7	+

第三步：选用发明原理。

参见附录40条发明原理后，选用"17空间维数变化原理"中的"单层排列的物体变为多层排列"。

解决方案：在减小寺底面积的同时，我们增加独柱寺的层数，让单层结构变成双层或多层结构，即变成二层或二层以上的小楼，这样就可以增加独柱寺的接待人数，但需要注意的是，过高的楼房在地震中更容易倾倒，小楼层数不易过高。

2.针对关键问题3，应用物-场模型分析

由于"关键问题3如何让独柱与寺身的接触面变大"中矛盾不可见，所以采用物-场模型标准解法寻求解决方案。

第一步：识别元件。

物质S_1，独柱；物质S_2，寺身；场F，F_{Me}支撑力。

第二步：构造模型。

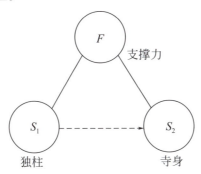

在地震发生时，独柱寺因为独柱对寺身支撑力不足，可能会发生倾倒的情况。

第三步：选择方法。

上面的模型是效应不足的完整物-场模型，适用标准解法S2"强化完善

物–场模型"和标准解法 S3"向超系统或微观级系统转化"。这里选用标准解法 S3.1.1"系统转化 1a：创建双、多级系统"。

第四步：解决方案。

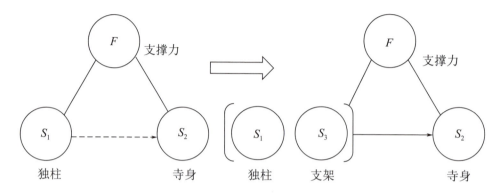

解决方案：引入 S_3，支架，组合支架和独柱，这个组合与寺底的接触面增加，强化独柱寺的稳定性。

注：1. 除安装支架外，直接加粗独柱也是一个有效的解决方案；

2. 针对关键问题 4、关键问题 5 也可以采用类似的解决方案。

3. 针对关键问题 6，应用物–场模型分析

由于"关键问题 6 如何减少湖水流动对独柱的侵蚀"中矛盾不可见，所以采用物–场模型标准解法寻求解决方案。

第一步：识别元件。

物质 S_1，流水；物质 S_2，独柱；场 F，F_{Me} 冲击力。

第二步：构造模型。

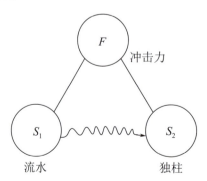

流水的冲刷使独柱日益被侵蚀，当地震发生时，被侵蚀的独柱将无法支

撑寺身的结构。

第三步：选择方法。

上面的模型是有害效应的完整物-场模型，适用标准解法S1.2"拆解物-场模型"。这里选用标准解法S1.2.1"引入S_3消除有害效应"。

第四步：解决方案。

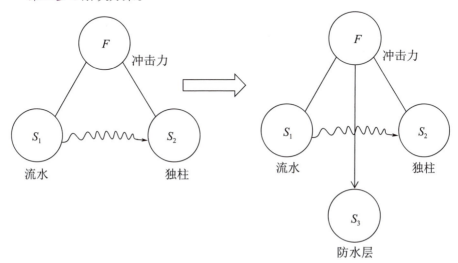

解决方案：引入S_3，防水层，在独柱上刷上一层防水涂料或裹上一层塑料胶布，可以有效减少独柱与流水的接触，减少侵蚀作用，保护独柱寺的稳定性。

【活动总结与拓展】

根据上面的分析，或自己提出问题和解决方案，来尝试改造模型吧。改造前请对模型的工程参数进行测量。

本次活动中，你遇到了什么困难？是如何解决的？本次活动中，你完成了什么样的模型？本次活动中，你有什么收获？

在越南，除了独柱寺，还剑湖也是相当有名的风景区，该湖南北长约700米，东西宽约200米。湖岸四周树木青翠，浓荫如盖。湖水清澈如镜，幽雅娴静，平均水深1.5米左右。湖中有玉山寺、龟塔。

同学们感兴趣，可以查阅一下还剑湖的传说以及风土建筑。

遇见极乐鸟

第五站，我们来到了印度尼西亚。在这里，我们发现了一种长得非常华丽的鸟类——极乐鸟。

【本站任务】

1.学习极乐鸟的相关知识，了解极乐鸟的肢体器官构成；

2.设计并搭建极乐鸟模型；

3.了解其他鸟类的形态与适应环境的关系，将极乐鸟模型改造成其他鸟类。

一、极乐鸟简介

极乐鸟属于雀形目—鸣禽亚目—极乐鸟科，有16属，41种之多。大多数极乐鸟栖息在热带森林。极乐鸟主要以水果和节肢动物为食，以少量花蜜和小型脊椎动物为辅食。两主食的比例搭配因鸟种不同而异，有些吃水果的比例高一些，有些则偏好节肢动物。大部分极乐鸟色彩艳丽，羽毛有明黄、碧蓝、绯红或翠绿色。这些颜色使它们成为世界上最美丽的鸟类之一。雄性多见颈部浓密的翎毛或极长的尾羽，一些种类头上有巨大的翎羽或其他装饰，例如胸翎或羽冠。极乐鸟的长相非常漂亮，可叫声却不太美妙。它们的叫声非常单调，有的像风啸声，有的像口哨声。

二、极乐鸟模型设计与搭建

1.手绘图形

根据上面的介绍和右侧的草图
（侧视图），请试着画出极乐鸟的另
外两个视角的草图。在绘制草图的
过程中，思考极乐鸟是由哪些基本
图形和结构组成的。

2.搭建模型

侧视图

下面开始逐步搭建极乐鸟的模型。

（1）搭建鸟嘴、鸟头、鸟颈

① 将1个绿豆杆和1个绿雪花进
行连接，共制作2个。

② 用1个双孔花和1根白杆将2
个步骤①的结构连接在一起，组成平
面的鸟嘴，重复制作3个本结构。

③ 将1根白杆、1个绿豆杆和1
个绿雪花结合。

④ 将步骤②和步骤③的结构组
合在一起。

⑤ 将1个黄雪花、1个绿雪花用1根白杆相连。

⑥ 将步骤④和步骤⑤的结构进行连接，组成平面的鸟头。

⑦ 用1个步骤②的结构和1根白杆连接。

⑧ 用2根白杆，将1个步骤⑥的结构和2个步骤⑦的结构进行组合。注意步骤⑥的结构放在中间，步骤⑦的结构放在两边。其中1根白杆卡在2个黄雪花上，另外1根白杆卡在2个

绿雪花上。完成立体鸟头。

⑨ 用2个步骤③的结构和步骤⑧的结构连接。

⑩ 用1根黄杆卡住步骤⑨的两个绿雪花。完成鸟颈。

（2）搭建鸟身

① 用1个蓝雪花和1个紫雪花组成蓝紫结构，共制作2个。

② 用1个白雪花、1个绿豆杆和1根蓝杆结合，共制作4个。

③ 用1个红雪花将2个步骤②的结构和1个步骤①的结构进行组合。组合成1个长方形。

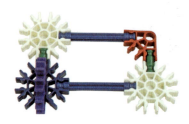

④ 用1根蓝杆和1个步骤③的结构连接。

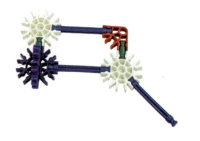

⑤ 用1个红雪花将2个步骤②的结构和1个步骤①的结构进行组合。组合成1个长方形。此结构与步骤③结构对称。

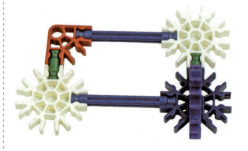

⑥ 用1根蓝杆和1个步骤③的结构连接。此结构与步骤④结构对称。

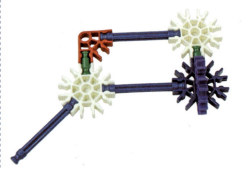

⑦ 将2个肉色卡卡在同1根黄杆上，肉色卡凸起部分方向相反。

⑧ 将步骤④、步骤⑥、步骤⑦的结构连接在一起。注意2个肉色卡分别卡进白雪花的插孔里。另外，蓝紫结构的方向是对称的，并且插孔朝向外。

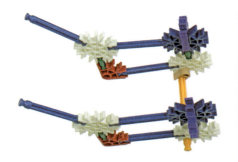

⑨ 用1根黄杆卡住1个步骤⑧的两个白雪花。

⑩ 将2个蓝色雪花进行连接，组合成蓝蓝结构，共制作2个。

⑪ 用3根蓝杆、2个红雪花和1个步骤⑨的结构连接，完成1只鸟腿，共制作2个。

⑫ 用1根黄杆穿过步骤⑨的红雪花的孔里，再将2个步骤⑪的结构分别穿过新结构的2根黄杆的两侧。

⑬ 用2个圆头黑卡扣住步骤⑫黄杆的两侧，并在2个蓝蓝结构上直接增加1根蓝杆。

（3）搭建鸟爪

① 用1个蓝雪花和1个紫雪花组成蓝紫结构。

② 用2根白杆、1根蓝杆、1根黄杆和蓝紫结构进行连接，重复制作2个。

③ 用1根蓝杆将2个步骤②的结构进行连接，组成鸟爪。

④ 将1个步骤③的结构和鸟身进行连接。

（4）搭建鸟翼

① 用2个蓝雪花进行连接，组合成蓝蓝结构。

② 用1个步骤①的结构和2根白杆、1个黄雪花、1根蓝杆、1个紫雪花组成1个三角形。

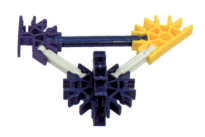

③ 在1个步骤②的结构中插上2根蓝杆、1根白杆和1根黄杆。

④ 用1个绿豆杆和1个黄雪花连接在一起，共制作2个。

⑤ 用1根蓝杆、1根黄杆、1个紫雪花和2个步骤④的结构组合在一起。

⑥ 将1个步骤③的结构和1个步骤⑤的结构进行组合。

⑦ 将1个白雪花和1个绿豆杆组合，共制作2个。

⑧ 用3根蓝杆、1根白杆、1根黄杆和1个黄雪花与步骤⑦结构进行组合。

⑨ 将步骤⑥的结构和步骤⑧的结构进行连接，完成1只鸟翼。

⑩ 重复步骤①～⑨，制作第2只鸟翼。

（5）搭建鸟尾

① 在1个白雪花上安装4个绿豆杆。

② 将1个绿雪花和1个绿豆杆进行连接，共制作2个。

③ 将2个步骤②的结构和1个步骤①的结构进行连接。

④ 用2个蓝雪花进行连接，组合成蓝蓝结构。

⑤ 将4个绿豆杆和1个步骤④的结构进行组合。

⑥ 用1个绿豆杆和2个绿雪花进行连接，共制作3个。

⑦ 将3个步骤⑥的结构和步骤⑤的绿豆杆相连进行组合。

⑧ 将步骤③的结构和步骤⑦的结构进行组合，完成鸟的尾巴。

（6）组合模型

① 使用2个白杆、2根黄杆将鸟头、鸟颈和鸟身连接在一起。

② 将鸟尾上的2个绿豆杆装在鸟身的蓝紫结构的卡槽上，将鸟尾和鸟身组合，如下图所示。

③ 将2根紫色软杆和1个橙色梯子连接在一起。

④ 将1根紫色软杆和1个橙色梯子进行连接。

⑤ 将步骤③的结构和步骤④的结构进行连接，重复步骤③～⑤，制作4个。

⑥ 将4个步骤⑤的结构组装在鸟身的蓝紫结构的插孔上。

⑦ 将2个鸟翼的蓝雪花结构分别卡在鸟身的黄杆上。如下图所示。

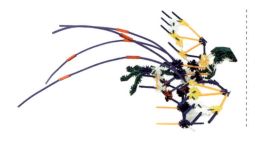

⑧ 用1根白杆穿过鸟头部分绿雪花的圆孔，在白杆两端各加1个黑色小帽，完成鸟眼睛的部分，如下图所示。

三、分析极乐鸟模型的问题

在完成极乐鸟模型的搭建后，我们对鸟类的各个肢体器官组成有了一个初步认知。在自然界中，鸟类属于一个大纲的范畴，里面包含更多不同科目不同种属的其他鸟类，那么其他鸟类有哪些形态上的特点，下面我们试着从技术系统进化的角度，去看一下不同鸟类的进化结果。

1.功能分析

动物不同于机械和工程系统，动物的进化是遵循着"物竞天择，适者生存"这一大自然的规律而来，但是技术系统进化法则与大自然的规律在很多方面也是殊途同归，下面试着用技术系统进化法则，分析一下不同鸟类体态的形成原因。首先，我们还是将鸟类当作一个工程系统，拆分它的各个组成部分。

（1）组件分析

工程系统	系统组件	超系统组件
鸟类	鸟头 鸟颈 鸟嘴 鸟身 鸟翼 鸟爪 鸟尾	食物 天敌 环境

注：正常的鸟类，系统各器官数量比上面的系统组件要多，我们只简单讨论外表可见的组件。

（2）相互作用分析

	鸟头	鸟颈	鸟嘴	鸟身	鸟翼	鸟爪	鸟尾	食物	天敌	环境
鸟头	/	+	+	–	–	–	–	+	+	+
鸟颈	+	/	–	+	–	–	–	–	+	+
鸟嘴	+	–	/	–	–	–	–	+	+	+
鸟身	–	+	–	/	+	+	+	–	+	+
鸟翼	–	–	–	+	/	–	–	–	+	+
鸟爪	–	–	–	+	–	/	–	+	+	+
鸟尾	–	–	–	+	–	–	/	–	+	+
食物	+	–	+	–	–	+	–	/	–	+
天敌	+	+	+	+	+	+	+	–	/	+
环境	+	+	+	+	+	+	+	+	+	/

注：1.组件之间有接触（相互作用）标注+号；

2.组件之间无接触（相互作用）标注–号。

（3）组件功能分析

组件	功能描述	功能属性	性能水平	得分	备注
鸟头	寻找食物	附加功能	正常	2	
	躲避天敌	附加功能	正常	2	
	连接鸟嘴	基本功能	正常	3	
	适应环境	附加功能	正常	2	

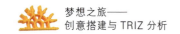
续表

组件	功能描述	功能属性	性能水平	得分	备注
鸟颈	连接鸟头	基本功能	正常	3	
	适应环境	附加功能	正常	2	
鸟嘴	捕捉食物	附加功能	正常	2	
	攻击天敌	附加功能	正常	2	
	适应环境	附加功能	正常	2	
鸟身	连接鸟颈	基本功能	正常	3	
	连接鸟翼	基本功能	正常	3	
	连接鸟爪	基本功能	正常	3	
	连接鸟尾	基本功能	正常	3	
	适应环境	附加功能	正常	2	
鸟翼	带动鸟身飞行	基本功能	正常	3	
	寻找食物	附加功能	正常	2	
	躲避天敌	附加功能	正常	2	
	适应环境	附加功能	正常	2	
鸟爪	抓捕食物	附加功能	正常	2	
	攻击天敌	附加功能	正常	2	
	带动鸟身行走	基本功能	正常	3	
	适应环境	附加功能	正常	2	
鸟尾	平衡鸟身	基本功能	正常	3	
	适应环境	附加功能	正常	2	
食物	适应环境	基本功能	正常	3	
	躲避鸟类	有害功能			
天敌	适应环境	基本功能	正常	3	
	捕食鸟类	有害功能			

注：1.功能描述为"动词+对象组件"的格式；

2.功能属性包括基本功能（功能对象是系统的目标）（计3分），附加功能（功能对象是超系统组件）（计2分），辅助功能（功能对象是系统其他组件）（计1分），有害功能（不得分）；

3.性能水平包括正常、不足、过量，不影响得分。

（4）功能模型图

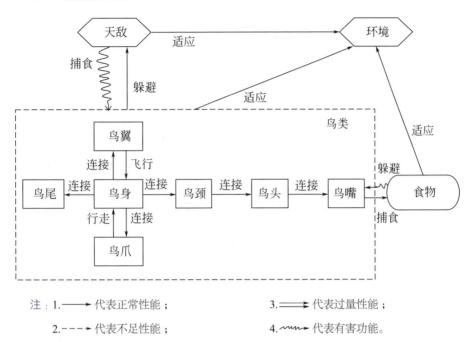

注：1. ——→ 代表正常性能；　　3. ⟹ 代表过量性能；

2. ----→ 代表不足性能；　　4. ⟿ 代表有害功能。

2. 缺点列表

序号	功能缺点
1	鸟类需要捕捉食物，才能保证生存
2	鸟类需要躲避天敌，才能保证生存
3	鸟类需要可以适应环境变化，才能保证生存

以上功能缺点，都是作为生物必须满足的生存条件。

四、种群差异分析

针对发现问题部分，分析面对不同的超系统组件（环境因素），不同鸟类分支，鸟类的各个子系统（器官）各自有哪些特征，它们是如何在一定程度上解决上面的问题的。

1. 草原鹞的形态特点

代表鸟类	草原鹞	
门类	动物界—脊索动物门—脊椎动物亚门—鸟纲—今鸟亚纲—隼形目—鹰科—鹞亚科—鹞属—草原鹞种—无亚种	
环境因素	器官特点	器官功能
环境：草原/天空	头较圆	减少空气阻力
	脖子短	减少空气阻力
	翅膀发达	长时间飞行
	尾巴较长	保持飞行平衡
食物：草原鼠类	爪子锋利	捕捉食物
	嘴尖且短，呈钩状	啄咽食物

2. 雁鸭的形态特点

代表鸟类	雁鸭	
门类	动物界—脊索动物门—脊椎动物亚门—鸟纲—雁形目—鸭科	
环境因素	器官特点	器官功能
环境：沼泽湿地	羽毛厚而致密	保暖
	腿短而侧扁，向后移	潜水
	有脚蹼	游泳
	翅膀发达	迁徙飞行
食物：鱼类	颈长	入水捕食
	扁嘴且长	防止鱼逃脱

3. 企鹅的形态特点

代表鸟类	企鹅	
门类	动物界—脊索动物门—脊椎动物亚门—鸟纲—今鸟亚纲—企鹅目—企鹅科	
环境因素	器官特点	器官功能
环境：南极极地	前肢成鳍状	不能飞翔，可游泳
	羽毛短	减少摩擦
	羽毛间有一层空气	保温
	脚生于身体最下部，跗行	行走
	趾间有蹼	游泳
	体形肥胖	保暖
食物：磷虾	嘴巴细且长	捕捉食物

4.蜂鸟的形态特点

代表鸟类		蜂鸟	
门类	动物界—脊索动物门—脊椎动物亚门—鸟纲—今鸟亚纲—蜂鸟目—蜂鸟科		
环境因素	器官特点	器官功能	
环境：丛林	体形小	便于飞行	
	翅形狭长	飞行	
	尾尖，叉形或球拍形	保持飞行平衡	
	脚短，趾细小而弱	偶尔站立	
	颜色鲜艳	驱赶入侵者	
食物：花蜜	嘴细长而直	吸取花蜜	
	舌伸缩自如	吸取花蜜	

5.鸵鸟的形态特点

代表鸟类		鸵鸟	
门类	动物界—脊索动物门—脊椎动物亚门—鸟纲—今鸟亚纲—鸵鸟目—鸵鸟科—鸵鸟属—非洲鸵鸟种		
环境因素	器官特点	器官功能	
环境：非洲草原	身高可达2.5米	视野更好	
	体重可达150千克	体能更强壮	
	龙骨突不发达	保存奔跑中平衡	
	鸟翼弱小	不能飞行	
	两个脚趾，长有约7厘米趾甲	奔跑更快，踢力更强	
	头部很小	保持平衡	
	脖子长	保持平衡	
食物：杂食，以植物的茎、叶、果实等为主	三角形嘴巴，扁而短	便于取食	

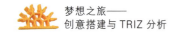
6.鸡的形态特点

代表鸟类		鸡	
门类	动物界—脊索动物门—脊椎动物亚门—鸟纲—今鸟亚纲—鸡形目—雉科—雉族—原鸡属—红原鸡种—家鸡亚种		
环境因素	器官特点	器官功能	
环境：圈养	翅膀不发达	不能飞行	
	雄鸡有鸡冠	吸引雌鸡	
	爪子尖且锋利	行走	
	体形肥胖	存储能量	
食物：谷物饲料	嘴尖且短	啄取食物	

【活动总结与拓展】

　　根据上面的分析，或自己提出问题和解决方案，尝试改造模型。改造前请对模型的工程参数进行测量。

　　本次活动中，你遇到了什么困难？是如何解决的？本次活动中，你完成了什么样的模型？本次活动中，你有什么收获？

　　不知道同学们有没有听过这样一个理论，鸟类是从恐龙进化来的，同学们下课后自行查阅鸟脚亚目的恐龙资料，试着把鸟类模型改造成恐龙模型吧。

骑象穿行印度

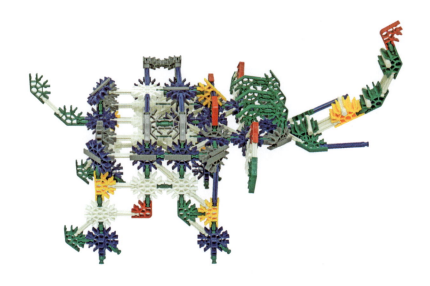

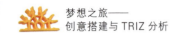
在印度，大象是一种颇受敬畏的动物。我们一起来了解大象吧。

【本站任务】

1. 学习大象的相关知识，了解大象的肢体器官构成；
2. 设计并搭建大象模型；
3. 了解不同地质时期，大象的进化路线，改造出这些大象模型。

一、印度象简介

印度象是亚洲象的亚种之一。身躯高大威武，身长为 5 ~ 7 米，肩高为 2.5 ~ 3 米，尾长为 1.2 ~ 1.5 米，体重 3000 ~ 5000 千克。其通体为灰棕色，前额左右有两大块隆起，最高点位于头顶，头盖骨很厚，背部向上弓起。四肢粗壮，几乎垂直于地面，像四根柱子，前肢 5 趾，后肢 4 趾。

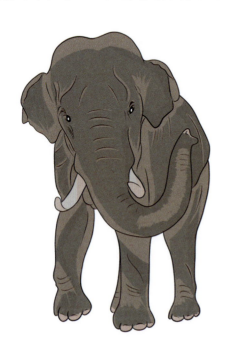

印度象主要栖于亚洲南部热带雨林，林间的沟谷、山坡、草原、竹林及宽阔地带。以海拔 1000 米以下的林带最为常见。群居，每群数头、十余头至数十头不等。以植物的嫩枝树叶为主要食物，喜食野芭蕉叶、竹叶、竹笋、董棕叶等，亦食马鹿草、芦草、棕叶笋、仙茅或瓜菜、作物等。食量大，一头成年象每天要吃掉 150 千克左右的植物。活动范围较大，约有 30 平方公里。印度象的寿命约 60 岁，主要分布于印度和尼泊尔。

二、大象模型设计与搭建

1.手绘图形

根据上面的介绍和右侧的草图（侧视图），请试着画出大象的另外两个视角的草图。在绘制草图的过程中，思考大象是由哪些基本图形和结构组成的。

侧视图

2.搭建模型

下面开始逐步搭建大象的结构。

（1）搭建大象的身体

① 将2个蓝雪花组成如下图所示的蓝蓝结构。

② 将1个蓝雪花和1个灰雪花（紫雪花）组成如下图所示的蓝灰结构。

③ 将2个蓝蓝结构、2个蓝灰结构与4个绿豆杆、2根白杆相连接。

④ 用5个白雪花、4个绿豆杆和2根白杆搭建出下图结构。

⑤ 将步骤③和步骤④结构连接。

⑥ 将2个灰雪花组成灰灰结构。

⑦ 将2个蓝灰结构和1个灰灰结构，用5个绿豆杆，2根白杆连接在一起。

⑧ 将2个蓝灰结构和1个灰灰结构，用5个绿豆杆，2根白杆连接在一起。此结构是步骤⑦的对称结构。

⑨ 将步骤⑤、步骤⑦、步骤⑧的结构相连接。

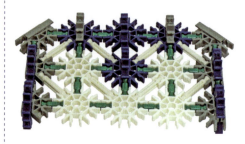

⑩ 将1个蓝蓝结构，2个蓝灰结构，2个灰灰结构用5个绿豆杆、5根白杆连接在一起。

⑪ 将步骤⑨和步骤⑩的结构相连接。

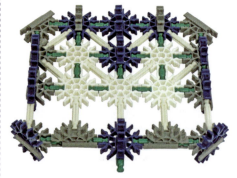

⑫ 将3个蓝蓝结构和2个灰灰结构，用8个绿豆杆、2根白杆、1个白雪花相连接。

⑬ 将步骤⑪和步骤⑫的结构相连接，注意白雪花的位置。

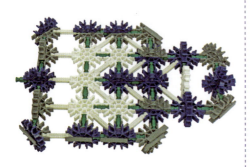

⑭ 将2个蓝灰结构，4个灰灰结构，再加上9个绿豆杆、1根白杆、4根蓝杆连接在一起。

⑮ 将步骤⑬和步骤⑭的结构相连接，如图所示。

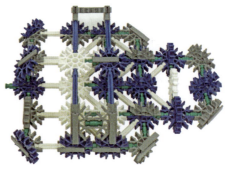

⑯ 将2个红雪花、4个绿豆杆、1个黄雪花、1根蓝杆组合起来。

⑰ 步骤⑮和步骤⑯的结构相连接，如图所示，大象的身体就做好了。

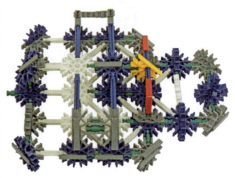

（2）搭建大象的头部

① 将3个绿豆杆和2个绿雪花组合，需制作3个，当作大象的头部。

② 将步骤①的3个结构和大象身体结构相连接。

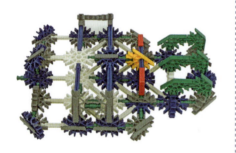

③ 将1个绿雪花、1个红雪花、1个白雪花用3个绿豆杆、2根白杆进行连接，组成大象的1只耳朵。共制作2个。

④ 用步骤③的2个结构，即大象的两只耳朵的绿豆杆和白杆，连接在大象头部绿雪花上的蓝蓝雪花组合体

的插孔上。

（3）搭建大象的腿

① 将2个蓝雪花和3个绿豆杆组成下图结构。

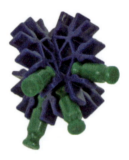

② 将步骤①结构和5个绿豆杆、3根白杆、1根蓝杆、1个绿雪花、1个白雪花、1个黄雪花组成大象的前腿。

③ 用步骤①结构和5个绿豆杆、3根白杆、2个白雪花、1个绿雪花、1个黄雪花组成大象的后腿。

④ 将步骤②即大象前腿的绿豆杆安装在步骤③即大象后腿的白雪花上。

⑤ 重复步骤①～④，制作另一组象腿。

⑥ 将两组象腿和大象主干连接。

（4）搭建大象的鼻子

① 将3个绿雪花卡到白杆上，并在其中2个绿雪花上额外安装白杆。

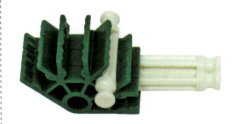

② 将1个绿豆杆与1个黄雪花连接，共制作3个。

③ 将3个步骤②结构卡在一根白杆上，并在其中一个黄雪花上安装如下的白杆。

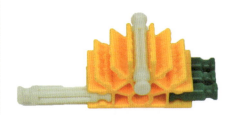

④ 将1个绿雪花、1根白杆连接，共制作3个。

⑤ 将3个步骤④的结构卡在1根白杆上。

⑥ 将1个绿雪花、1个绿豆杆和1个红雪花连接。

⑦ 将步骤⑥结构卡在1根白杆上。

⑧ 将2个绿雪花卡在步骤⑦结构的白杆两侧。

⑨ 将步骤①、步骤③、步骤⑤、步骤⑧组合在一起，做成大象的鼻子。并在一端加上1个绿豆杆，为下

一步和大象的结构连接做准备。

⑩ 将步骤⑨和前面已经完成的大象结构组合在一起。

（5）组装大象的象牙、尾巴

① 用1根白杆、1个绿雪花、1根蓝杆连接成象牙。共制作2个。

② 用2个绿雪花、1根白杆连接成大象的尾巴。

③ 将大象的象牙和尾巴连到大象的身体上，完成大象模型的制作。

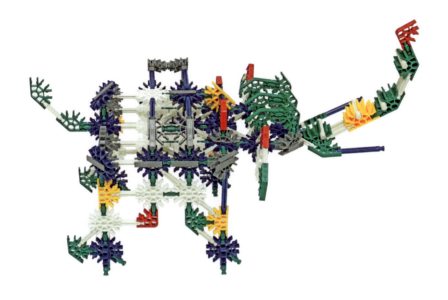

三、分析大象模型的问题

在上一章，我们分析了不同的鸟类在不同的环境下，各自的体态特点，并试着将极乐鸟模型改造成其他鸟类模型。这里，我们尝试从时间的角度出发，分析不同时期大象的生态和形态的特点。

1. 功能分析

（1）组件分析

首先，将大象当作一个工程系统，拆分它的各个组成部分。

工程系统	系统组件	超系统组件
大象	象头 象牙 象鼻 象嘴 象耳 象身 象尾 象腿	食物 天敌 环境

注：正常的大象，系统各器官数量比上面的系统组件要多，我们只讨论了外表可见的主要组件。

（2）相互作用分析

	象头	象牙	象鼻	象嘴	象耳	象身	象尾	象腿	食物	天敌	环境
象头	/	−	+	+	+	+	−	−	+	+	+
象牙	−	/	−	+	−	−	−	−	−	+	+
象鼻	+	−	/	−	−	−	−	−	+	+	+
象嘴	+	+	−	/	−	−	−	−	+	+	+
象耳	+	−	−	−	/	−	−	−	−	+	+
象身	+	−	−	−	+	/	+	+	−	+	+
象尾	−	−	−	−	−	+	/	−	−	+	+
象腿	−	−	−	−	−	+	−	/	−	+	+
食物	+	−	+	+	−	−	−	−	/	−	+
天敌	+	+	+	+	+	+	+	+	+	/	+
环境	+	+	+	+	+	+	+	+	+	+	/

注：1.组件之间有接触（相互作用）标注+号；

2.组件之间无接触（相互作用）标注−号。

（3）组件功能分析

组件	功能描述	功能属性	性能水平	得分	备注
象头	连接象鼻	辅助功能	正常	1	
	连接象嘴	基本功能	正常	3	
	连接象耳	辅助功能	正常	1	
	躲避天敌	附加功能	正常	2	
	寻找食物	附加功能	正常	2	
	适应环境	附加功能	正常	2	
象牙	攻击天敌	附加功能	正常	2	
	适应环境	附加功能	正常	2	
象鼻	抓取食物	附加功能	正常	2	
	攻击天敌	附加功能	正常	2	
	适应环境	附加功能	正常	2	
象嘴	连接象牙	辅助功能	正常	1	
	吃掉食物	附加功能	正常	2	
	适应环境	附加功能	正常	2	

续表

组件	功能描述	功能属性	性能水平	得分	备注
象耳	躲避天敌	附加功能	正常	2	
	适应环境	附加功能	正常	2	
象身	连接象头	基本功能	正常	3	
	连接象腿	基本功能	正常	3	
	连接象尾	基本功能	正常	3	
	适应环境	附加功能	正常	2	
象尾	驱赶天敌	附加功能	正常	2	
	适应环境	附加功能	正常	2	
象腿	支撑象身	基本功能	正常	3	
	适应环境	附加功能	正常	2	
食物	适应环境	基本功能	正常	3	
天敌	适应环境	基本功能	正常	3	
	捕捉大象	有害功能			

注：1.功能描述为"动词+对象组件"的格式；

2.功能属性包括基本功能（功能对象是系统的目标）（计3分），附加功能（功能对象是超系统组件）（计2分），辅助功能（功能对象是系统其他组件）（计1分），有害功能（不得分）；

3.性能水平包括正常、不足、过量，不影响得分。

（4）功能模型图

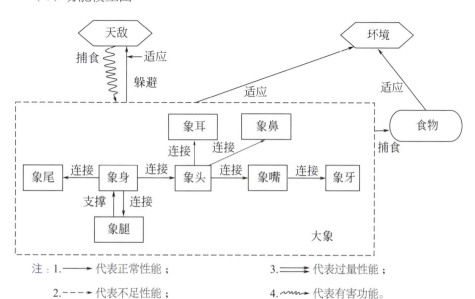

注：1. ⟶ 代表正常性能；　　　　　3. ⟹ 代表过量性能；

　　2.--→ 代表不足性能；　　　　　4. ⟿ 代表有害功能。

2.缺点列表

序号	功能缺点
1	大象需要吃到食物，才能保证生存
2	大象需要躲避天敌，才能保证生存
3	大象需要可以适应环境变化，才能保证生存

以上功能缺点，都是作为生物必须满足的生存条件。

四、大象的进化历程

我们开始分析在大象出现以来，不同地球时期，大象种族代表们的形态是怎么样的。

1.始新世（约距今5300万年～3650万年）

名称		始祖象
环境因素	器官特点	
地球温度迅速升高	个子小	
地表被森林覆盖	嘴巴长	
大量哺乳动物出现	象牙短	
生活在河边	鼻子短	

2.渐新世（约距今3400万年～2300万年）

名称		古乳齿象
环境因素	器官特点	
气温较平稳	鼻子半尺长	
动物变得善于奔跑	象牙半尺长	
平原、沙漠、草原面积扩大	身高最多两米	
生活在河边	下牙宽，像铲子	

3.中新世（约距今2300万年～533万年）

名称	恐象	
环境因素	器官特点	
气候逐渐变冷	身高至少5米	
	体重至少15吨	
草原型动物大量出现	鼻子长	
	象牙朝下	

名称	铲齿象	
环境因素	器官特点	
气候逐渐变冷	下门齿像铲子	
草原型动物大量出现	鼻子长	

名称	剑齿象	
环境因素	器官特点	
气候逐渐变冷	象牙很长	
草原型动物大量出现	身高3米多	

4.更新世（约距今259万年～ 11700年）

名称	猛犸象	
环境因素	器官特点	
气候变冷	牙齿长且卷曲	
冰期与间冰期的明显交替	一身长毛	
海平面的大幅度升降	身高3米左右	
草原向高纬度地区发展	鼻子长	
人类出现		

名称	嵌齿象	
环境因素	器官特点	
气候变冷	牙齿有三个棱	
冰期与间冰期的明显交替	身高3米左右	
海平面的大幅度升降		
草原向高纬度地区发展		
人类出现		

名称	长颌乳齿象	
环境因素	器官特点	
气候变冷	下颌很长	
冰期与间冰期的明显交替	牙齿短	
海平面的大幅度升降	身高3米多	
草原向高纬度地区发展	鼻子长	
人类出现		

5.全新世（约距今11700年至今）

名称	亚洲象	
环境因素	器官特点	
气温回暖	肩高3.7～4.1米	
人类快速发展	体重3～5吨	
人类猎杀动物	鼻子长	
人类饲养动物	耳朵大	
动植物大量灭绝	象牙长	
人类保护动物	四肢粗壮	

【活动总结与拓展】

根据上面的分析，或自己提出问题和解决方案，尝试改造模型。改造前请对模型的工程参数进行测量。

本次活动中，你遇到了什么困难？是如何解决的？本次活动中，你完成了什么样的模型？本次活动中，你有什么收获？

大象属于四足哺乳动物，除了大象外，我们熟知的狮子、老虎、长颈鹿、斑马、犀牛、河马等都属于四足哺乳动物，分析它们形态上的不同，试着把其他四足动物也做出来吧。

亚历山大灯塔

世界七大奇迹是指公元前3世纪古代西方一位旅行家提出的世界上七处宏伟的人造景观，如今其中六座都已经损毁，只有古埃及的胡夫金字塔得以保存至今。亚历山大灯塔于公元前280～278年建造，是当时世界上最高的建筑物。

【本站任务】

1.学习亚历山大灯塔的相关知识，了解亚历山大灯塔的结构构成；

2.设计并搭建亚历山大灯塔模型；

3.发挥创意，改造亚历山大灯塔，让更多船只可以看到灯塔的灯光。

一、亚历山大灯塔简介

亚历山大灯塔是世界古代著名的七大奇迹之一。遗址在埃及亚历山大城边的法罗斯岛上。灯塔约在公元前280～278年建成，巍然屹立在亚历山大港外1500年，但因在两次地震中极度受损，最终沉入海底。2015年，埃及决定重建亚历山大灯塔。

由于历史记载模糊，预估亚历山大灯塔高120米，加上塔基，整个高度约135米。塔楼由三层组成：第一层是方形结构，高约60米，里面有300多个大小不等的房间，用来作燃料库、机房和工作人员的寝室；第二层是八角形结构，高约15米，用以存储与输送石油；第三层是圆形结构，上面用约8米高的8根石柱围绕在圆顶灯楼。灯楼上面，矗立着约8米高的太阳神赫利俄斯站立姿态的青铜雕像。整座灯塔都是用花岗石和铜等材料建筑而成，灯的燃

料是橄榄油和木材。整个灯塔的面积约930平方米。聪明的设计师还采用反光的原理，用镜子把灯光反射到更远的海面上。这座无与伦比的灯塔白天日光闪耀，夜夜灯火通明，兢兢业业地为入港船只导航，它给舵手带来了一种安全感。

二、亚历山大灯塔模型设计与搭建

1.手绘图形

根据上面的介绍和右侧的草图（正视图），请试着画出亚历山大灯塔的另外两个视角的草图。在绘制草图的过程中，思考亚历山大灯塔是由哪些基本图形和结构组成的。

2.搭建模型

下面开始逐步搭建亚历山大灯塔的模型。

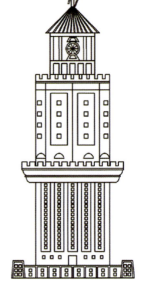

正视图

（1）搭建塔座

① 用2个紫雪花组成如下图的紫紫结构，共制作4个。

② 将步骤①的4个紫紫结构，与4根红杆组合成一个正方形。注意紫雪花豁口部分朝上。

③ 在紫紫结构凸出豁口的部分，垂直于正方形，连接4根黑杆，作为塔座的纵梁，支撑整个塔身。

④ 用2个紫雪花组成如下图的紫紫结构，共制作12个。

⑤ 将步骤④的12个紫紫结构，与4根白杆、8个绿豆杆组合成一个正方形。注意四个角的紫雪花豁口部分朝上。

⑥ 将4个白雪花结构，与4个白杆、8个绿豆杆组成一个正方形。注意白雪花和绿豆杆的位置方向。

⑦ 将步骤⑥的结构安装在步骤⑤的结构中间。

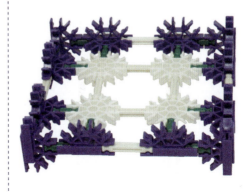

⑧ 用4个红雪花、8个黄雪花、4个白杆、8个绿豆杆组成一个正方形，注意白杆和绿豆杆的位置方向。

⑨ 将步骤⑧的结构与步骤⑦的结构，用4个白杆、8个绿豆杆连接组合在一起，如下图。

⑩ 将步骤⑨的结构连接在步骤③上，亚历山大灯塔的塔座就做好了。

（2）搭建塔腰

① 用8个绿雪花、8个绿豆杆组成一个八边形结构。

② 用8根灰杆穿过步骤①的绿雪花的孔洞里，并用16个肉色卡子卡在8根灰杆上，用于固定步骤①的结构，如下图。

③ 用8个白雪花、8个绿豆杆组成一个圆形结构。

④ 在步骤③结构中间连接4个白杆，如下图。

⑤ 将步骤④的结构套在8个灰杆上，用平头黑卡和圆头黑卡分别固定住步骤④结构的上下方，亚历山大

灯塔的塔腰就做好了，具体样式如下图。

（3）搭建塔顶

① 用4个轮胎、4个轮轴连接在一起并穿过1根红杆组成的结构如下图。轮胎两头用2个肉色卡固定。

② 用4个黄杆、1个轮胎安装步骤①上，具体样式如下图。

③ 用2个蓝雪花组合成如下图的蓝蓝结构。

④ 在步骤③的蓝蓝结构上，安装4根白杆连接成一个正四棱锥，在锥尖位置安装一个蓝杆，如下图。

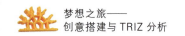

⑤ 将塔座、塔身、塔尖叠加起来，一个完整的亚历山大灯塔的模型就搭建完成了。

三、分析亚历山大灯塔模型的问题

灯塔作为古代指引船只的道标，在现代雷达和卫星技术发达的情况下，作用已经越来越小了，但是灯塔的作用在恶劣天气里仍旧十分重要，下面试着用 TRIZ 工具分析下如何提升灯塔的性能。

1.功能分析

（1）组件分析

工程系统	系统组件	超系统组件
亚历山大灯塔	塔座 塔腰 塔顶 灯具	地面 大风 船只

注：1.系统组件指系统的组成部分，包括物、场和物-场的结合体；
2.超系统指系统所处环境和归属。

（2）相互作用分析

	塔座	塔腰	塔顶	灯具	地面	大风	船只
塔座	/	+	−	−	+	+	−
塔腰	+	/	+	−	−	+	−
塔顶	−	+	/	+	−	+	−
灯具	−	−	+	/	−	+	+
地面	+	−	−	−	/	+	−
大风	+	+	+	+	+	/	+
船只	−	−	−	+	−	+	/

注：1.组件之间有接触（相互作用）标注＋号；

2.组件之间无接触（相互作用）标注−号。

（3）组件功能分析

组件	功能描述	功能属性	性能水平	得分	备注
塔座	支持塔腰	基本功能	正常	3	
	压迫地面	有害功能			
塔腰	支持塔顶	基本功能	正常	3	
塔顶	固定灯具	基本功能	正常	3	
灯具	指引船只	基本功能	不足	3	
地面	支撑塔座	基本功能	正常	3	
大风	侵袭塔座	有害功能			
	侵袭塔腰	有害功能			
	侵袭塔顶	有害功能			
	侵袭灯具	有害功能			
	侵袭地面	有害功能			

注：1.功能描述为"动词＋对象组件"的格式；

2.功能属性包括基本功能（功能对象是系统的目标）（计3分），附加功能（功能对象是超系统组件）（计2分），辅助功能（功能对象是系统其他组件）（计1分），有害功能（不得分）；

3.性能水平包括正常、不足、过量，不影响得分。

（4）功能模型图

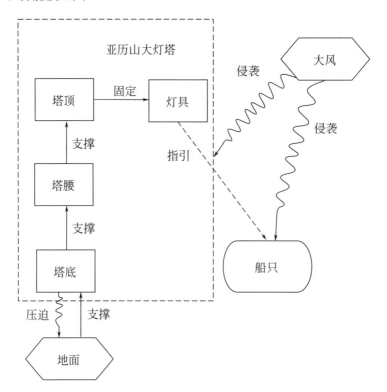

注：1.——→ 代表正常性能；　　　　　3.══➤ 代表过量性能；

　　 2.---→ 代表不足性能；　　　　　4.〰➤ 代表有害功能。

2.缺点列表

序号	功能缺点
1	灯具对船只的指引作用不足
2	发生地震时，灯塔可能会倒塌
3	大风对灯塔的侵袭，可能会吹倒灯塔

　　下面，以"缺点1：灯具对船只的指引作用不足"为例，说明如何解决此类技术问题。

3.因果链分析

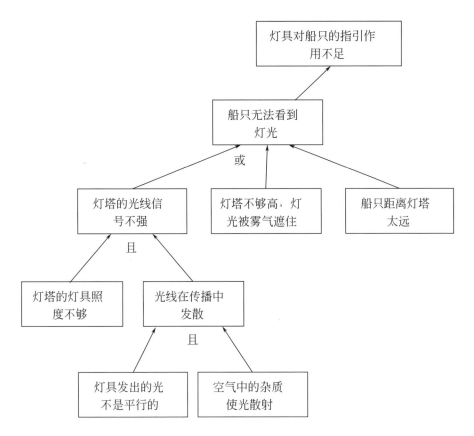

4.关键问题表

序号	关键缺点	关键问题	可能的解决方案	矛盾描述
1	灯塔的灯具照度不够	如何提升灯具的照度	提升灯具的照度	为了让船只看到灯光，需要增加灯具的照度，但是增加了照度，能源的消耗也相应增加，这是技术矛盾
2	灯塔不够高，灯光被雾气遮住	如何让灯塔变高	让灯塔变高	为了让灯塔的光线可以被船只看到，需要增加灯塔的高度。为了防止台风破坏灯塔应该降低或保持灯塔的高度，这是物理矛盾
3	灯具发出的光不是平行的	如何让灯具发出的光变成平行的	让灯具发出的光变成平行的	无

四、用萃思方法解决亚历山大灯塔模型的问题

1.针对关键问题1，应用矛盾矩阵

由于"关键问题1如何提升灯具的照度"中存在技术矛盾，所以，采用矛盾矩阵寻求解决方案。

第一步：确定工程参数。

（1）为了让船只看到灯光，需要增加灯具的照度，这是欲改善的参数，对应到39个工程参数，选择"18光照度"。

（2）增加了照度，能源的消耗也相应增加，这是被恶化的参数，对应到39个工程参数，选择"19运动物体的能量消耗"。

第二步：查找TRIZ矛盾矩阵表。

改善参数 \ 恶化参数		18	19
		光照度	运动物体的能量消耗
18	光照度	+	1、19、32
19	运动物体的能量消耗	2、15、19	+

第三步：选用发明原理。

分析了3条发明原理后，选用"19周期性作用原理"中的"用周期性动作或脉冲动作代替连续动作"。

解决方案：将灯光的发射从持续发射，改成脉冲式发射，每5秒闪烁一次，可以节约部分能源，同时闪烁的灯光也更容易让船只辨认。

2.针对关键问题2，应用时间分离原理

由于"关键问题2如何让灯塔变高"中存在物理矛盾，所以采用分离原理寻求解决方案。

第一步：定义物理矛盾。

（1）确定冲突参数。为了让灯塔的光线可以被船只看到，需要增加灯塔的高度。为了防止台风破坏灯塔应该降低或保持灯塔的高度，这是物理矛盾。

（2）明确第一种冲突的要求：增加塔身高度。

（3）明确第二种冲突的要求：降低塔身高度。

第二步：定义空间。

（1）实现第一种要求的时间 C_1：刮台风时。

（2）实现第二种要求的时间 C_2：不刮台风时。

第三步：判断条件 C_1、C_2 是否交叉。

C_1、C_2 不交叉，可以应用时间分离原理，解决方案：将灯塔的灯具，挂在热气球上，并拴在塔顶，当没有台风时，释放热气球，热气球的高度加上塔的高度，则变相增加了灯塔的总高度，当台风降临时，则通过绳索收起热气球，则保持了塔高不变。

注：应用了TRIZ 40条发明原理中的"15.动态化原理"中的"分割物体，使其各部分可以改变相对位置"。

3.针对关键问题3，应用物-场模型分析

由于"关键问题3如何让灯具发出的光变成平行的"中矛盾不明显，所以采用物-场模型标准解法寻求解决方案。

第一步：识别元件。

物质 S_1，灯具；物质 S_2，船只；场 F，F_O 光学场。

第二步：构造模型。

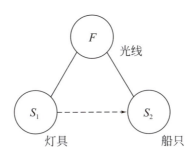

灯具发射的光线是向四面八方发射的，不是平行的，所以会在空气中发散，发射的距离不长，船只需要在很近的距离才能看到。

第三步：选择方法。

上面的模型是效应不足的完整物-场模型，适用标准解法 S_2 "强化完善物-场模型"和标准解法 S_3 "向超系统或微观级系统转化"。这里我们选用标准解法S2.1.1 "链式物-场模型"。

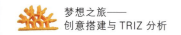
第四步：解决方案。

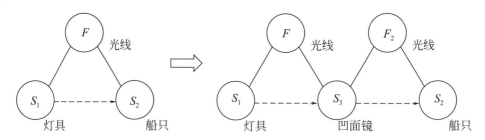

解决方案：将原系统中的灯具转换一套由物质 S_1（灯具）、物质 S_3（凹面镜）、场 F（F_o 光学场），组成的完整物－场模型，凹面镜将灯具发射向四周的光线折射成一束向前的强烈的光线，这个光线照得更远，可以让更远的船只看到。类似这种凹面镜的折射应用，同样可以适用于其他信号传播，如喇叭、雷达等。

【活动总结与拓展】

根据上面的分析，或自己提出问题和解决方案，尝试改造模型。改造前请对模型的工程参数进行测量。

本次活动中，你遇到了什么困难？是如何解决的？本次活动中，你完成了什么样的模型？本次活动中，你有什么收获？

除了亚历山大灯塔，在世界各地港口还有很多有名的灯塔，同学们可以在课下查阅资料，去了解它们。

胡夫金字塔

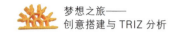

胡夫金字塔作为世界七大奇迹仅存的一座，抵抗了数千年的风沙侵蚀、天灾人祸。这一站，就让我们探究一下它是如何屹立千年的。

【本站任务】

1. 学习胡夫金字塔的相关知识，了解胡夫金字塔的结构构成；
2. 设计并搭建胡夫金字塔模型；
3. 发挥创意，想出一个帮助金字塔躲避风沙侵蚀的办法。

一、胡夫金字塔简介

胡夫金字塔是古埃及金字塔中最大的金字塔。塔高近150米，因年久风化，顶端有剥落，现高130多米，相当于40层大厦高。塔身是用约230万块巨石堆砌而成，大小不等的石料平均重达2.5吨，塔的总重量约为684万吨，它的规模是埃及至今发现的110座金字塔中最大的。

它是一座几乎实心的巨石体，成群结队的人将这些大石块沿着金字塔内部的螺旋上升通道往上拖运，然后逐层堆砌而成，十万多个工匠共用约20年的时间才完成的人类奇迹，当年埃菲尔铁塔还未建成时，胡夫金字塔还曾是世界上最高的建筑物。

二、胡夫金字塔模型设计与搭建

1.手绘图形

根据上面的介绍和右侧的草图（正视图），请试着画出胡夫金字塔的另外两个视角的草图。在绘制草图的过程中，思考胡夫金字塔是由哪些基本图形和结构组成的。

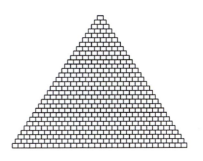

2.搭建模型

下面开始逐步搭建胡夫金字塔的模型。

正视图

（1）搭建塔底

① 将2个蓝雪花组合成如下图结构，共制作20个该结构。

② 将20个步骤①的结构用绿豆杆连接起来，组成一个正方形，2个蓝雪花结构的凸出部分朝上，注意：四个角的蓝雪花结构的方向要朝向正方形的中心点。

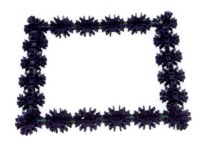

③ 将16个白雪花4×4排列，其间用40个绿豆杆连接，作为胡夫金字塔底座的平面，如下图。

④ 用步骤③与步骤②的结构组成胡夫金字塔的塔底，如下图。

（2）搭建塔身

① 将2个蓝雪花组成如下图的蓝蓝结构。

② 将4个蓝蓝结构用绿豆杆如下图连接，注意蓝雪花结构之间连接的方向关系。共制作4组。

③ 将步骤②的结构与塔底的4个直角上的蓝雪花的45°扣用绿豆杆连接，组成一个锥体，锥体的顶部也用绿豆杆连接。注意蓝雪花结构的方向要朝向塔底的中心。

④ 将3个白雪花用4个绿豆杆连接组成如下图的结构，共制作4个。

⑤ 将2个白雪花用3个绿豆杆连接组成如下图的结构，共制作4个。

⑥ 将1个白雪花用绿豆杆连接组成如下图的结构，共制作4个。

⑦ 用步骤④～⑥的白雪花串加到塔身2个棱柱之间的蓝雪花上，注意从底部向上将白雪花按3-2-1的排序方式加到蓝雪花上。

⑧ 将1个步骤①的蓝蓝结构作为塔尖，用4个绿豆杆固定在4个棱柱上，金字塔就完成了。

三、分析胡夫金字塔模型的问题

胡夫金字塔是一座几乎实心的巨石体，且金字塔内部的结构我们并不清楚，因此我们直接将需要解决的问题给出。胡夫金字塔原塔高近150米，因年久风化，顶端剥落。风沙侵蚀是一个漫长的过程，世界古代七大奇迹的另外六大奇迹就毁于地震、战乱，遗迹也被风沙侵蚀得不见原貌。本节课我们就讨论如何减缓风沙对建筑的侵蚀。

四、用萃思方法解决胡夫金字塔模型的问题

针对风沙侵蚀金字塔的问题，我们采用物-场模型标准解法来讨论这一问题。

第一步：识别元件。

物质 S_1，风沙；物质 S_2，金字塔；场 F，F_{Me} 冲击力。

第二步：构造模型。

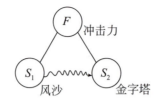

风沙侵袭金字塔，使金字塔日益被侵蚀。

第三步：选择方法。

上面的模型是有害效应的完整物－场模型，适用标准解法S1.2 "拆解物－场模型"。这里选用标准解法S1.2.1 "引入S_3消除有害效应"。

第四步：解决方案。

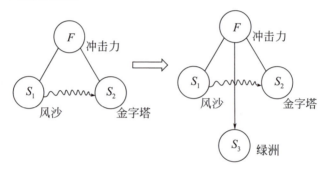

引入S_3（绿洲），在风沙刮来的方向，种植一大片由仙人掌、沙棘草、芦荟、绿玉树等耐干旱的植物，这些植物组成的绿洲可以有效地固化沙地并将风吹来的沙子留下来，同时这些植物的果实也可以带来额外的经济收入。

【活动总结与拓展】

根据上面的分析，或自己提出问题和解决方案，尝试改造模型。改造前请对模型的工程参数进行测量。

本次活动中，你遇到了什么困难？是如何解决的？本次活动中，你完成了什么样的模型？本次活动中，你有什么收获？

在胡夫金字塔边上，耸立着另一座有名的建筑——狮身人面像，同学们知道狮身人面像的传说吗？查阅资料后，试着做出一个狮身人面像的模型吧。

竞技奥林匹克

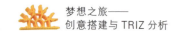
离开了埃及，我们穿越地中海，到达了希腊。希腊是奥林匹克运动会的发源地，在这里我们将一探世界上古希腊奥林匹克运动会的风采。

【本站任务】

1.学习古代马车的相关知识，了解古代马车的结构构成；
2.设计并搭建古代马车模型；
3.改造古代马车，让它更快更稳，组织一场马车赛。

一、奥林匹克运动会简介

有关古奥林匹克运动会的历史源头已不可考，但大多数学者认为古代奥运会起源于公元前776年。据传伯罗奔尼撒的统治者伊菲图斯（古代奥运会的创始人）努力使宗教与体育竞技合为一体。他不仅革新宗教仪式，还组织大规模的体育竞技活动，并决定每四年举行一次。时间定在闰年的夏至之后。所以公元前776年的古代奥林匹克运动会就正式载入史册，成为古代奥运会的第一届。

古希腊人举办奥林匹克运动会的原因是为了和平和表示尊重奥林匹克众神（即古希腊神话里的宙斯等神）。运动会举行期间，全希腊选手及附近的百姓相聚于奥林匹亚这个希腊南部风景秀丽的小镇。古代奥运会项目包括：5项全能、赛跑、拳击、摔跤、拳击角力（拳击和摔跤的混合运动）、4轮马车赛跑、骑马等。

1894年6月在法国巴黎索邦神学院召开了国际体育运动代表大会，此次大会为第一届奥林匹克代表大会。当时，顾拜旦成为首任国际奥委会秘书

长。通过决议复兴奥运会，通过了第一部由顾拜旦倡议和制定的《奥林匹克宪章》。它涉及奥林匹克运动的基本宗旨、原则及其他有关事宜。6月23日，大会通过了成立国际奥林匹克委员会的决议，而6月23日也就成了"国际奥林匹克日"。顾拜旦起草国际奥委会章程，阐述了奥林匹克运动的哲学基础、教育和美学意义，奠定了奥林匹克运动的理论基础，使奥林匹克运动发展成为持久的体育与和平运动。这次大会标志着现代奥林匹克运动的诞生。顾拜旦则被人们誉为"现代奥林匹克之父"。大会决定在1896年召开首届现代奥运会，希腊的历史名城雅典获得主办权。

1932年，中国正式派员参加在美国洛杉矶举行的第10届奥运会。刘长春成为中国第一位参加奥运会的选手。2008年，在中国北京举办了第29届夏季奥林匹克运动会，这也是中国首次举办奥运会赛事，2014年在南京举办了第二届青年奥林匹克运动会，2022年将在北京和张家口联合举行第24届冬季奥林匹克运动会。

二、古代马车模型设计与搭建

1.手绘图形

马车赛作为古代奥林匹克运动会的项目之一，这里我们就设计一辆马车。根据下面的草图（侧视图），请试着画出古代马车的另外两个视角的草图。在绘制草图的过程中，思考古代马车是由哪些基本图形和结构组成的。

侧视图

2.搭建模型

下面开始逐步搭建马车的模型。

（1）搭建马匹

① 马头由一个绿雪花，一个绿豆杆搭建而成。

② 马身由2个蓝雪花和一个绿豆杆组成，注意2个蓝雪花连接的方向。

③ 马蹄是由2个橙色梯子和1个白杆搭建而成，共制作2组马蹄。

④ 将步骤①的马头和1根白杆卡在马身的一个蓝雪花上方45°角的扣上，如下图。

⑤ 步骤③的2个马蹄分别卡在马身2个蓝雪花下方45°角的扣上，如下图，所有步骤完成就组成了一个战马。重复以上步骤，制作4匹战马。

⑥ 将2个战马用黄杆连接起来，共制作2组，注意：黄杆卡在马头后面正上方的位置，如下图所示。

⑦ 用黄雪花将2组战马连接起来，如下图。

（2）搭建车身

① 使用4个绿雪花、3个白杆搭建下图结构，作为车厢底座前端结构。

② 将蓝雪花和紫雪花组合成1个蓝紫结构，如下图，共制作2个。

③ 将2个蓝紫结构、2个红雪花、2个黄雪花、6个绿豆杆、1个白杆连接成图示结构，作为车座底座的尾端。

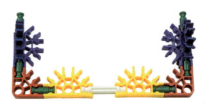

④ 车厢底座中间部分由4个白雪花、2个白杆、10个绿豆杆组成，如下图。

⑤ 将步骤①、步骤③、步骤④的结构组合成车厢底座，如下图。

⑥ 使用1个黄雪花、1个红雪花、3个绿豆杆、1个白杆如下图结构，共制作2个。

⑦ 再制作1个步骤①的结构，并和步骤⑤的2个结构组合成车厢上半部分，如下图。

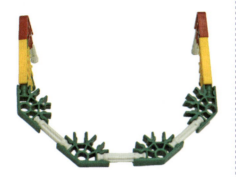

⑧ 将1个圆头黑卡和蓝杆组合成1根立柱，共制作4个。

⑨ 将步骤⑦向下的绿豆杆和步骤⑤的蓝紫结构向上90°的扣连接起来，白杆穿过红雪花的中间孔洞里。并将步骤⑧中的4个立柱穿过4个绿雪花的中间孔洞里，如下图。

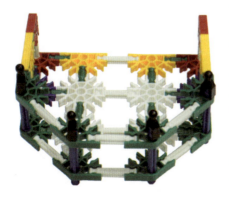

⑩ 将4个绿豆杆和4个单孔花，安装到车厢底部的蓝雪花上。

⑪ 将2根长灰杆组成穿过车厢底部的单孔花，如下图。

⑫ 在长灰杆两侧各卡1个肉色卡，并将2个小轮轴穿到长灰杆上，肉色卡的凸起部分要卡住小轮轴。最后再用肉色卡卡在长灰杆两侧，防止轮轴脱落。

马车的车辕，如下图。

（3）组合马车

① 在车厢底部的前部用1个橙色梯子、1个绿豆杆、2个蓝垫圈、1个单孔花、1根红杆组成的结构，作为

② 将步骤①中的红杆连接到马匹中间的黄雪花上，古代马车的模型就搭建完成了。

三、分析古代马车模型的问题

在古代奥林匹克的马车赛中，只有驾驶得又快又稳的骑手才能获胜，下面让我们用 TRIZ 的工具，分析下如何让马车又快又稳。

1.功能分析

（1）组件分析

工程系统	系统组件	超系统组件
古代马车	车厢 车轮 车轴 车辕 挽具 缰绳 马匹 骑手	赛道

注：1.系统组件指系统的组成部分，包括物、场和物－场的结合体；

2.超系统指系统所处环境和归属。

（2）相互作用分析

	车厢	车轮	车轴	车辕	挽具	缰绳	马匹	骑手	赛道
车厢	/	－	＋	＋	－	－	－	＋	－
车轮	－	/	＋	－	－	－	－	－	＋
车轴	＋	＋	/	－	－	－	－	－	－
车辕	＋	－	－	/	＋	－	－	－	－
挽具	－	－	－	＋	/	－	－	＋	－
缰绳	－	－	－	－	－	/	＋	＋	－
马匹	－	－	－	－	＋	＋	/	－	＋
骑手	＋	－	－	－	＋	＋	－	/	－
赛道	－	＋	－	－	－	－	＋	－	/

注：1.组件之间有接触（相互作用）标注＋号；

2.组件之间无接触（相互作用）标注－号。

（3）组件功能分析

组件	功能描述	功能属性	性能水平	得分	备注
车厢	固定车轴	基本功能	正常	3	
	支撑骑手	辅助功能	正常	1	
车轮	碾压赛道	基本功能	正常	3	
	支撑车轴	辅助功能	正常	1	

续表

组件	功能描述	功能属性	性能水平	得分	备注
车轴	固定车轮	基本功能	正常	3	
	支撑车厢	辅助功能	正常	1	
车辕	拉动车厢	基本功能	正常	3	
挽具	拉动车辕	基本功能	正常	3	
缰绳	操控马匹	基本功能	正常	3	
马匹	拉动挽具	基本功能	正常	3	
骑手	操控缰绳	基本功能	正常	3	
赛道	支撑马匹	辅助功能	正常	1	
	支撑车轮	基本功能	正常	3	

注：1.功能描述为"动词＋对象组件"的格式；

2.功能属性包括基本功能（功能对象是系统的目标）（计3分），附加功能（功能对象是超系统组件）（计2分），辅助功能（功能对象是系统其他组件）（计1分），有害功能（不得分）；

3.性能水平包括正常、不足、过量，不影响得分。

（4）功能模型图

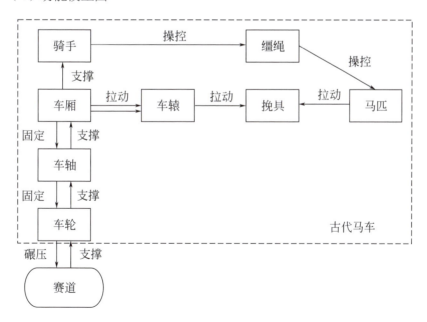

注：1.——→ 代表正常性能；　　　3.⇒ 代表过量性能；

2.---→ 代表不足性能；　　　4.〜〜→ 代表有害功能。

2.缺点列表

序号	功能缺点
1	马车行驶时会剧烈晃动
2	马车的速度不够快

下面，以"缺点1：马车行驶时会剧烈晃动"为例，说明如何解决此类技术问题。

3.因果链分析

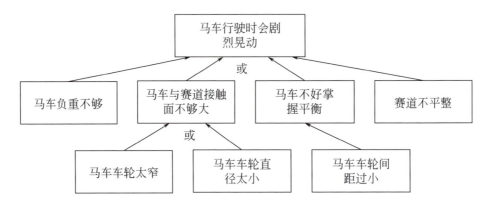

4.关键问题表

序号	关键缺点	关键问题	可能的解决方案	矛盾描述
1	马车负重不够	如何加重马车负重	加重马车负重	为了让马车跑得更稳，增加了马车的重量，但是增加了马车重量，马车的速度就减慢了，这是技术矛盾
2	马车车轮太窄	如何加宽马车车轮	加宽马车车轮	为了让马车跑得更稳，加宽了马车车轮，但是加宽了马车车轮，就增加了马车的阻力，让车速变慢了，这是技术矛盾
3	马车车轮直径太小	如何增加马车车轮直径	增加马车车轮直径	无
4	马车车轮间距过小	如何增加马车车轮间距	增加马车车轮间距	无
5	赛道不平整	如何让赛道变得平整	让赛道变得平整	无

四、用萃思方法解决古代马车模型的问题

1.针对关键问题1，应用矛盾矩阵

由于"关键问题1如何加重马车负重"中存在技术矛盾，所以采用矛盾矩阵寻求解决方案。

第一步：确定工程参数。

（1）为了让马车跑得更稳，增加了马车的重量，这是欲改善的参数，对应到39个工程参数，选择"1运动物体的重量"。

（2）增加了马车重量，马车的速度就减慢了，这是被恶化的参数，对应到39个工程参数，选择"9速度"。

第二步：查找TRIZ矛盾矩阵表。

改善参数 \ 恶化参数		1	9
		运动物体的重量	速度
1	运动物体的重量	+	2、8、15、38
9	速度	2、28、13、38	+

第三步：选用发明原理。

分析了40条发明原理后，选用"8.重量补偿原理"中的"通过与环境（利用空气动力、流体动力或其他力等）的相互作用，实现物体的重量补偿"。

解决方案：将马车车厢改成流线型，减少马车在空气中遇到的阻力，这样虽然增加了马车的重力，但减少了空气阻力作为补偿，可以保障马车速度不变。

2.针对关键问题2，应用矛盾矩阵

由于"关键问题2如何加宽马车车轮"中存在技术矛盾，所以采用矛盾矩阵寻求解决方案。

第一步：确定工程参数。

（1）为了让马车跑得更稳，需要加宽马车车轮，这是欲改善的参数，对应到39个工程参数，选择"5运动物体的面积"。

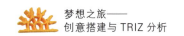

（2）但是加宽了马车车轮，就增加了马拉车的阻力，让车速变慢了，这是被恶化的参数，对应到39个工程参数，选择"9速度"。

第二步：查找TRIZ矛盾矩阵表。

改善参数	恶化参数	5	9
		运动物体的面积	速度
5	运动物体的面积	+	29、30、4、34
9	速度	29、30、34	+

第三步：选用发明原理。

分析了40条发明原理后，选用"29.气压和液压结构原理"中的"将物体的固体部分用气体或流体代替，如充气结构、充液结构、气垫、液体静力结构和流体动力结构"。

解决方案：将马车的车辆更换为充气轮胎，充气轮胎扩宽了与赛道的接触面积外，可以有效减少滚动阻力，让马车可以快速稳定地行驶。

【活动总结与拓展】

根据上面的分析，或自己提出问题和解决方案，尝试改造模型。改造前请对模型的工程参数进行测量。

本次活动中，你遇到了什么困难？是如何解决的？本次活动中，你完成了什么样的模型？本次活动中，你有什么收获？

除了马车赛外，古代奥林匹克还有诸如扔标枪之类的竞赛，同学们可以试着做出扔标枪的装置来，组织一场标枪赛吧。

探访威尼斯

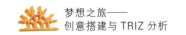
在梦想之旅的终点站，我们来到了威尼斯，探访了一圈之后，我们进入了剧院，在这里，我们将化身为莎士比亚的话剧《威尼斯商人》中的角色，体验一下中世纪欧洲的风土人情。

【本站任务】

1. 学习《威尼斯商人》的相关知识，熟悉角色关系和性格特点；
2. 设计并搭建各式道具模型；
3. 组织一场话剧表演。

一、《威尼斯商人》简介

威尼斯位于意大利东北部，是世界闻名的水乡，也是意大利的历史文化名城。城内古迹众多，有各式教堂、钟楼、男女修道院和宫殿百余座。威尼斯整座城市建在水上，水道即为大街小巷，船是威尼斯唯一的交通工具，当地的小船贡多拉独具特色，到了威尼斯不妨一试。这里在2月份会举行狂欢节，期间人们戴着假发和面具，穿着长袍庆祝节日。

英国著名剧作家莎士比亚的名著《威尼斯商人》的故事正是发生在威尼

斯，故事从三条线展开，一条是鲍西亚选亲；一条是杰西卡与罗兰佐恋爱和私奔；还有一条是"割一磅肉"的契约纠纷。其中"割一磅肉"的契约纠纷是全剧的高潮部分，今天我们就以"第四幕第一场威尼斯法庭"为基础，排演一场"威尼斯商人节选"。

1.故事梗概

威尼斯商人安东尼奥为了帮助好友巴萨尼奥成婚，向高利贷者夏洛克借了三千金币。夏洛克因为安东尼奥借给别人钱不要利息，影响了他的生意，又侮辱过他，所以借机报复，在借约上戏言三个月期满还不上钱，就从安东尼奥身上割下一磅肉抵债。安东尼奥因货船失事，不能如期还钱，夏洛克就提起公诉，要安东尼奥履行借约。因此引发了后面这一幕。

2.角色关系

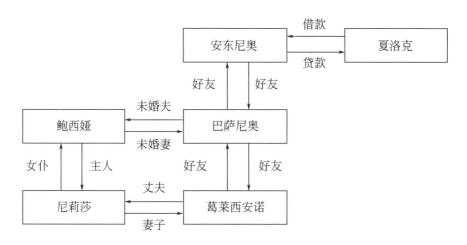

二、各角色的关键道具模型设计与搭建

1.夏洛克

（1）角色简介

夏洛克是高利贷者，贪婪、残酷、吝啬、狠毒，虽然腰缠万贯，却从不享用，一心想着放高利贷，因极力限制女儿杰西卡与外界交往，使其带着钱财与情人私奔。夏洛克无情地虐待克扣仆人，甚至连饭也不让仆人吃饱。他十分痛恨威尼斯商人安东尼奥，因为安东尼奥慷慨大度、乐于助人、憎恶高利贷者。

（2）关键道具

在本场戏中，夏洛克的目的就是杀死安东尼奥，所以他迫不及待地带来了匕首，右侧是匕首的正视图，请试着画出匕首另外两个视角的草图。在绘制草图的过程中，思考匕首是由哪些基本图形和结构组成的。

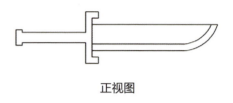

正视图

（3）搭建模型

① 将5个双孔花、1个单孔花和1根黑杆进行连接，如下图。

② 将1个平头黑卡和1个单孔花进行连接，共制作3个。

③ 将1个步骤①的结构和步骤②的结构进行连接，随后安装8个单孔花。如下图。

④ 将1个步骤②的结构和步骤③的结构进行连接，随后安装7个单孔花。如下图。

⑤ 将1个步骤②的结构和步骤④的结构进行连接随后安装2个单孔花。如下图。

⑥ 将1根长软杆依次穿过3个单孔花的圆孔里，并将软杆的一端插在双孔花的插孔里，完成刀刃，注意调节单孔花的位置，以便安装长软杆。

⑦ 将1个黄雪花和1个绿豆杆进行连接，如下图，共制作14个。

⑧ 将2个步骤⑦的结构和1根白杆进行连接，重复步骤⑦、步骤⑧，共制作6个。

⑨ 将1个橙色梯子和1个绿豆杆进行连接。

⑩ 将1个红雪花、1个绿豆杆和1根白杆进行连接，共制作3个。

⑪ 将2个步骤⑧的结构、1个步骤⑨的结构、1个步骤⑩的结构进行连接，如下图。

⑫ 将1个步骤⑥的结构和1个步骤⑪的结构进行连接。

⑬ 将2个步骤⑧结构，1个步骤⑨结构、1个步骤⑦结构进行连接，如下图，共制作2个。

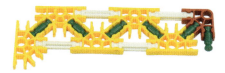

⑭ 将2个步骤⑬结构，夹住步骤⑫的匕首，并用3根白杆，卡入黄雪花中，锁定匕首把手。

⑮ 将1个蓝铰链和黑铰链组合，并加装1个绿豆杆，共制作2个。

⑯ 将2个步骤⑮结构用1根白杆、1个单孔花连接。

⑰ 将步骤⑯结构安装到步骤⑭上，完成匕首制作。

2.鲍西娅

（1）角色简介

鲍西娅是巴萨尼奥的未婚妻，是一个有学问、有修养的新时代女性，她的谈吐文雅，又机智勇敢，她为了援助丈夫巴萨尼奥的朋友安东尼奥，女扮男装，作为出庭的法律顾问，判决夏洛克的案件，有胆有识，既维护了法律的尊严，又置恶人于死地，大快人心。

（2）关键道具

在本场戏中，鲍西娅扮演了法官的角色是一个公正的法律顾问，天平象征着法律的公正无私，不偏不倚。左侧是天平的正视图，请试着画出天平另外两个视角的草图。在绘制草图的过程中，思考天平是由哪些基本图形和结构组成的。

正视图

（3）搭建模型

① 将1个白雪花和4根蓝杆进行连接。

② 将4个双孔花和步骤①的结构进行连接。

③ 将1个白雪花和4个绿豆杆进行连接。

④ 将1个绿雪花和1根白杆进行连接，共制作4个。

⑤ 将步骤③的结构和4个步骤④的结构进行连接。

⑥ 将步骤②的结构和步骤⑤的结构进行连接。完成天平的底座。

⑦ 将4根黑杆卡在2个白雪花上，黑杆互成90°。

⑧ 将1根红杆和1个步骤⑦的结构进行连接。注意将红杆依次穿过2个白雪花的圆孔。

⑨ 将1个圆头黑卡装在步骤⑧的红杆的一端。

⑩ 将1个将肉色卡装在2个白雪花间的红杆上。

⑪ 将4个灰垫圈、4个蓝垫圈，间隔穿过步骤⑩的红杆。

⑫ 将1个白雪花卡住步骤⑪结构的红杆上。

⑬ 将1根白杆、1个圆头黑卡和步骤⑫的结构进行连接。完成立柱模型。

⑭ 将步骤⑥的结构和步骤⑬的结构进行组合。注意将步骤⑬结构的4根黑杆卡在步骤⑥结构的同一个白雪花上。

⑮ 将1个黄雪花、2根白杆和2个蓝杆进行连接，共制作3个。

⑯ 将步骤⑮的结构和2根蓝杆进行连接，共制作2个。

⑰ 将2个黄雪花和3根蓝杆进行连接。

⑱ 将1个双孔花、1根白杆和1个绿雪花进行连接，共制作2个。

⑲ 将1个步骤⑮的结构、2个步骤⑯的结构、1个步骤⑰的结构和2个步骤⑱的结构进行连接。完成一个平面的横梁。

⑳ 重复步骤⑮～⑲，一共完成2个平面的横梁。

㉑ 用1根蓝杆依次穿过步骤⑳的横梁正中间的黄雪花的圆孔里、步骤⑭的立柱顶端的白雪花的圆孔里、另一个步骤⑳的横梁正中间的黄雪花的圆孔里。

一个平面横梁一端的双孔花的圆孔。

㉔ 在蓝杆两端各加1个灰垫圈，并用圆头黑卡封口。

㉒ 在蓝杆两端各加1个灰垫圈，并用圆头黑卡封口。

㉕ 重复步骤㉓，步骤㉔，完成天平立柱和横梁的连接。

㉓ 将1根蓝杆、1个单孔花和1个步骤㉒的结构进行组合。注意将蓝杆依次穿过其中一个平面横梁一端的双孔花的圆孔、单孔花的圆孔、另

㉖ 将8个绿雪花和8个绿豆杆进行连接，形成一个正八边形。

㉗ 将4根黑杆卡在同1个白雪花上。

㉘ 将步骤㉗的结构4根黑杆分别穿过步骤㉖结构对称的4个绿雪花的圆孔里，再用4个圆头黑卡封口。

㉙ 将1根蓝杆和1个圆头黑卡进行连接。

㉚ 将步骤㉙的结构穿过步骤㉘结构的白雪花。

㉛ 重复步骤㉖～㉚，一共完成2个天平的托盘。

㉜ 将2个托盘上的蓝杆分别插到横梁的单孔花上，天平模型就完成了。

3.安东尼奥

（1）角色简介

安东尼奥是巴萨尼奥的好友，为了支持巴萨尼奥向鲍西娅求婚，向夏洛克借了三千金币，因为他的货船失事，无法还钱给夏洛克，因此引发了本幕剧情。安东尼奥是新兴的资产阶级商人。莎士比亚写他珍重友情，为了朋友而向高利贷者借钱并为此死而无怨；他宽宏大量，面对夏洛克的无耻阴谋，竟逆来顺受；面对死的威胁，他具有临危不惧、视死如归的气概。总之，他身上有正派、重情、温文尔雅等，人文主义者为之讴歌的品质，但面对尖锐的斗争形式不懂得斗争，有软弱、妥协的一面。

（2）关键道具

在本场戏中，安东尼奥作为借入方，他带来了和夏洛克的契约，右图是契约的示意图，请试着画出契约的三视图。在绘制的过程中，思考契约是由哪些基本图形和结构组成的。

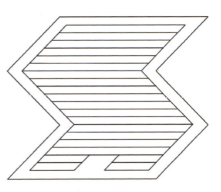

契约示意图

（3）搭建模型

① 将1个黄雪花个2根蓝杆进行连接，共制作6个。

② 将2个步骤①的结构和1个红雪花、1个白雪花进行连接，得到1个正方形，共制作4个。

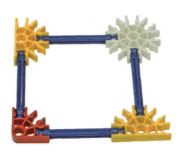

③ 用1个红雪花和1根蓝杆，将步骤①的结构和步骤②的结构进行连接，得到1个长方形，共制作2个。

⑤ 将步骤③的结构和步骤④的结构进行连接，得到1个长方形。

④ 将3根蓝杆和步骤③的结构进行连接。

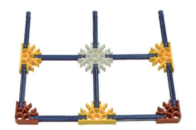

⑥ 用6个大方板和步骤⑤的结构进行连接。

4.巴萨尼奥

（1）角色简介

巴萨尼奥是安东尼奥的好友，鲍西娅的未婚夫。由于为了帮助他向鲍西娅求婚，安东尼奥欠债，引发了这起官司。为了救回自己的好友，巴萨尼奥带来了足够的金币，想要让夏洛克撤诉。

（2）关键道具

在本场戏中，巴萨尼奥想为安东尼奥还清债务，所以他带来了装满金币的宝箱，左侧是宝箱的示意图，请试着画出宝箱三视图的草图。在绘制的过程中，思考宝箱是由哪些基本图形和结构组成的。

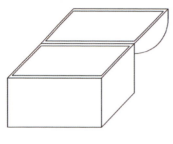

宝箱示意图

（3）搭建模型

① 用4个白雪花和4根蓝杆组成1个正方形。注意将白雪花作为顶点，蓝杆作为边长，共制作2个。

② 将2根蓝杆和1个黄雪花进行连接，共制作16个。

③ 用1根蓝杆将2个步骤②的结构进行连接，共制作8个。

④ 将1个步骤①的结构和4个步骤③的结构进行连接，并在4个端点安装4个红雪花。

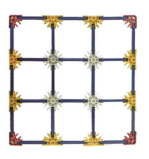

⑤ 将9个大方板和1个步骤④的结构进行连接，完成钱箱的盖子。

⑥ 将1个蓝铰链和1个黑铰链进行连接，共制作3个。

⑦ 将3个步骤⑥的结构和步骤⑤的结构进行连接。

⑧ 将2个灰雪花连接在一起，组合成灰灰结构，共制作8个。

⑨ 用2根蓝杆和灰灰结构进行组合，共制作8个。

⑩ 用1根蓝杆将2个步骤⑨的结构进行组合。

⑪ 将1个步骤①的结构和4个步骤⑩的结构进行连接，组成正方形，并在正方形端点处安装4个红雪花。

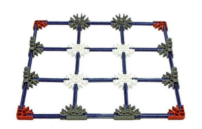

⑫ 用9个大方板和1个步骤⑪的结构进行连接，完成钱箱的箱底。

⑬ 将1个白雪花和1根蓝杆进行连接，共制作2个。

⑭ 用1根蓝杆将2个步骤⑬的结构连接起来，共制作4个。

⑮ 将1个步骤③的结构和步骤⑭的结构进行连接，共制作4个。

⑯ 将1个灰灰结构（如步骤⑧）和3根蓝杆进行连接，共制作4个。

⑰ 将2个步骤⑯的结构和1个步骤⑮的结构进行连接。

⑱ 将6个大方板和1个步骤⑰的结构进行连接，完成1个箱壁。

⑲ 重复步骤⑰、步骤⑱，共制作2个相同的箱壁。

⑳ 将2根蓝杆和1个步骤⑮的结构进行连接。

㉑ 将6个大方板和1个步骤⑳的结构进行连接。

㉒ 重复步骤⑳、步骤㉑，共制作2个相同的箱壁。

㉓ 将2个步骤⑱的结构和2个步骤㉒的结构进行连接，组成一个长方体。注意将步骤⑱的箱壁的灰灰结构和步骤㉒的箱壁的大方板和蓝杆进行连接。

㉔ 将4个红雪花和步骤㉓的结构进行连接，完成箱壁的模型。

㉕ 将步骤⑫的结构和步骤㉔的结构进行连接。注意将箱底的灰灰结

构和箱壁的大方板和蓝杆进行连接。

㉖ 将步骤⑦的结构和步骤㉕的结构进行连接。注意将步骤⑦箱盖的蓝灰铰链结构卡在步骤㉕结构中箱壁的蓝杆上。完成钱箱的模型。

三、剧情设计

1.分镜一

内容：鲍西娅劝解夏洛克放弃诉讼

角色：

鲍西娅

安东尼奥

夏洛克

巴萨尼奥

公爵

对白：

公爵："您好，博学的法律顾问！我并不羡慕您的职业。这是一个最麻烦的案子。"

鲍西娅："您好！请坐下。你叫安东尼奥吗？这是你与夏洛克签订的借约吗？"

安东尼奥："是的。"

鲍西娅："那么，夏洛克可得大发慈悲才是。他可得宽恕安东尼奥啊。"

夏洛克："为什么我必得宽恕他呢？请告诉我这一点！"

鲍西娅："慈悲带来益处。慈悲像甘霖从天空中降到地面上，它不但赐福施予的人，而且赐福于受施的人。我们应该学会宽恕他人。你还要求得到这一磅肉吗？"

夏洛克："我要求得到根据法律属于我的东西。"

巴萨尼奥："我愿出十倍于安东尼奥的借款，请您把法律稍为变更一下，使我们能够救出安东尼奥的生命。"

鲍西娅："请用你的脑袋想一想，先生。我们不能变更法律，要是变更了一条法律，那么人们还会要变更别的法律的。"

夏洛克："噢，聪明年轻的法律顾问啊！"

2.分镜二

内容：鲍西娅翻阅契约，夏洛克坚持己见

角色：

鲍西娅

夏洛克

巴萨尼奥

安东尼奥

葛莱西安诺

尼莉莎

对白：

鲍西娅："让我看一看契约，就是安东尼奥向你许下的诺言。"

夏洛克："给您。"

鲍西娅："我明白了。根据法律，夏洛克可以得到一磅肉，由他从最靠近安东尼奥心脏的部位割下来。慈悲一点吧！让我撕毁这张契约吧。不能撕？那么，安东尼奥，你做好准备。夏洛克，拿起你的刀子准备割肉吧。"

夏洛克："噢，博学的法律顾问！噢，聪明的年轻人！"

鲍西娅："你带来了称肉的器具吗？"

夏洛克："是的。我把一切都准备好了。"

鲍西娅："夏洛克，你是否请了医生来给安东尼奥止血呢？"

夏洛克："契约上可没有这一条。"

巴萨尼奥："你这只狐狸！"

鲍西娅："安东尼奥，你还想说什么吗？"

安东尼奥："我只想说一点。巴萨尼奥，永别了。不要为我悲伤。把我的情况告诉你的妻子，对她说我多么爱你。要是夏洛克割得够深的话，我就要以整个心偿还他的债了。"

巴萨尼奥："让我拥抱你一下，说声再见吧。我爱你胜过爱我自己的生命、自己的妻子和整个世界"（他哭了）。

鲍西娅："你的妻子听到你那么说是会不高兴的。"

葛莱西安诺："我有一个妻子，我敢说我是很爱她的，我宁愿她是升天了，好祈求神改变这人的恶心肠。"

尼莉莎："你在背后说她不要紧，否则你这条心愿会使得你家里天翻地覆。"

夏洛克："我们是在浪费时间。"

鲍西娅："割走你要的那一磅肉吧！我宣布法庭许可你（这样做），

法律（把它）判给你。"

3.分镜三

内容：夏洛克举刀走向安东尼奥，鲍西娅提出质疑

角色：

夏洛克

鲍西娅

葛莱西安诺

巴萨尼奥

对白：

（夏洛克走向安东尼奥，准备动他的刀子。）

鲍西娅："且慢！事情还没完。安东尼奥许诺给你他身上的一磅肉。但是他并没有答应给你他身上的任何一滴血。要是你让他身上的血流下一滴，你将失去你所有的土地和财产。"

葛莱西安诺："啊！正直的人！"

夏洛克："法律上是这样说的吗？"

鲍西娅："这就是法律。你要求公正，那么就让你得到公正，比你要求的还要多。"

葛莱西安诺："啊正直的人！"

夏洛克："我愿意要钱。请给我加三倍还给我安东尼奥向我借的钱。"

巴萨尼奥："钱在这儿"（他满怀喜悦地喊了出来）。

鲍西娅："别忙！夏洛克先前已经拒绝要钱了。他所要求的只是公正。这是他现在所能得到的一切。你必须割下整一磅肉，不准多也不准少，而且不准流一滴血。"

4.分镜四

内容：夏洛克想要撤诉离开，但鲍西娅判他有罪

角色：

夏洛克

鲍西娅

公爵

安东尼奥

对白：

（夏洛克转过身，要离开法庭。）

鲍西娅："等一等，夏洛克。威尼斯的法律规定任何企图杀害或谋害任何威尼斯公民的人，他所有的一切必须被没收。他的钱和财产的一半必须给威尼斯城，另一半必须给他企图杀害的人。他的生命全凭公爵处置。因此，你快快跪下请求公爵开恩吧。"

夏洛克："仁慈的先生，我乞求你的饶恕和原谅。"

公爵："我将不处死你，但是作为对你的惩罚，你财产的一半现在是安东尼奥的了。你必须把另一半交给威尼斯城。"

夏洛克："把我的命也拿走吧！我的钱财对我就像生命一样宝贵。它们是我唯一的安慰。你们没收了我的财物，也就是要了我的命。"

安东尼奥："我将高兴地放弃我应得的夏洛克财产的那一半。夏洛克必须答应在他死后把这笔财产留给他的女儿和女婿。"

夏洛克："我答应。现在让我回家吧。我不舒服。"

【活动总结与拓展】

本次活动中，你遇到了什么困难？是如何解决的？本次活动中，你完成了什么样的模型？本次活动中，你有什么收获？

除了《威尼斯商人》外，同学们也可以自己编写一幕科普剧，自制道具来完成表演。

附 录

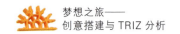

附录 1 技术系统进化法则

1. S曲线进化法则

任何一个技术系统都会经历四个阶段，婴儿期、成长期、成熟期、衰退期。可通过在成熟期开发二代技术系统，完成技术系统的迭代更新。

2. 提高理想度法则

技术系统在进化时，提高理想度的方法是提高系统有用功能之和，降低所有成本之和以及有害功能之和。

$$\text{理想度} = \frac{\sum \text{有用功能}}{\sum \text{有害功能} + \sum \text{成本}} \longrightarrow \text{正无穷大}$$

3. 系统完备性法则

一个完整的技术系统必须包括动力装置、传输装置、执行装置、控制装置等四个相互联系的子系统。

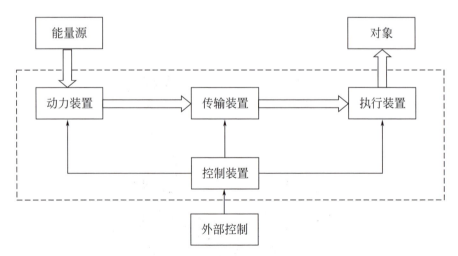

4. 能量传递法则

技术系统要实现其功能的必要条件：能量能够从能量源流向技术系统的所有组件。如果某个组件接收不到能量，它就不能产生效应，就会影响到整个技术系统功能的有效执行。

5.子系统协调进化法则

技术系统存在的必要条件是系统中各个组件和子系统直接的结构、性能、频率等属性要协调。

6.子系统不均衡进化法则

系统中的各个组件进化都不均衡，每个组件和子系统都按自身的S曲线进化且速度不同，系统的进化速度由进化最慢的子系统决定。

7.增加动态性和可控性法则

技术系统进化过程中，其动态性和可控性会提高，使其可以适应多变的工作环境。其进化趋势主要包括3种：

（1）不可动→部分可动→高度可动→整体可动；

（2）刚性体→单铰链体→多铰链体→柔性体→液体/气体→场；

（3）直接控制→间接控制→反馈控制→自我控制。

8.向超系统进化法则

技术系统在进化和发展的过程中，和超系统的资源结合在一起，或者将原有技术系统中的某一个子系统分离到超系统中，使某个子系统摆脱自身在技术系统中的发展限制要求，获得更多的发展资源，让其更好地实现原来的功能。

9.向微观级进化法则

技术系统及其子系统在进化发展过程中，向着减少它们尺寸的方向进化。

10.向自动化方向进化法则

发展技术系统是用来实现那些枯燥的功能，以解放人们去完成更具有智能性、挑战性的工作系统。

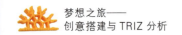
附录 2　40 条发明原理

1.分割原理

1a.把一个物体分成相互独立的部分；

1b.将物体分成容易组装和拆卸的部分；

1c.提高系统的可分性，以实现系统的改造。

2.抽取原理

2a.从物体中抽出产生负影响的部分或属性；

2b.从物体中抽出必要的部分和属性。

3.局部质量原理

3a.将物体、环境或外部作用的均匀结构，变为不均匀的；

3b.让物体的不同部分，各具不同功能；

3c.物体的各部分，均处于完成各自动作的最佳状态。

4.增加不对称性原理

4a.将物体的对称外形变为不对称的；

4b.增强不对称物体的不对称性。

5.组合原理

5a.在空间上将相同物体或相关操作加以组合；

5b.在时间上将相同或相关操作加以组合。

6.多用性原理

6a.使一个物体具有多项功能；

6b.消除了该功能在其他物体内存在的必要性后，进而裁减其他物体。

7.嵌套原理

7a.把一个物体嵌入另一物体，然后将这两个物体再嵌入到第三个物体，以此类推；

7b.使一个对象穿过或处于另一对象的空腔。

8.重量补偿原理

8a.将某一物体与另一能提供升力的物体组合，以补偿其重量；

8b.通过与环境（利用空气动力、流体动力或其他力等）的相互作用，实现物体的重量补偿。

9.预先反作用原理

9a.事先施加机械压力，以抵消工作状态下不期望的过大压力；

9b.如果问题定义中需要某种作用，那么事先施加反作用。

10.预先作用原理

10a.预先对物体（全部或至少部分）施加必要的改变；

10b.预先安置物体、使其在最方便的位置，开始发挥作用而不浪费运送时间。

11.预先防范原理

采用事先准备好的应急措施，补偿物体相对较低的可靠性。

12.等势原理

改变操作条件，以减少物体提升或下降的需要。

13.反向作用原理

13a.用相反的动作，代替问题定义中所规定的动作；

13b.让物体或环境，可动部分不动，不动部分可动。

14.曲面化原理

14a.将物体的直线、平面部分用曲线或球面代替，变平行六面体或立方体结构为球形结构；

14b.使用滚筒、球状、螺旋状结构；

14c.改直线运动为螺旋运动，应用离心力。

15.动态化原理

15a.调整物体或环境的性能，使其在工作的各阶段达到最优状态；

15b.分割物体，使其各部分可以改变相对位置；

15c.如果一个物体整体是静止的，使其移动或可动。

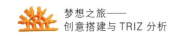
16.未达到或过度的作用原理

如果所期望的效果难以百分之百实现，稍微超过或稍微小于期望效果，会使问题大大简化。

17.空间维数变化原理

17a.将物体变为二维（如平面）运动以克服一维直线运动或定位的困难，或过渡到三维空间运动以消除物体再二维平面运动或定位的问题；

17b.单层排列的物体变为多层排列；

17c.将物体倾斜或侧向放置；

17d.利用给定表面的反面；

17e.利用照射到临近表面或物体背面的光线。

18.机械振动原理

18a.使物体处于振动状态；

18b.如果已处于振动状态，提高振动频率（直至超声振动）；

18c.利用共振频率；

18d.将超声波振动和电磁场结合；

18e.用压电振动代替机械振动。

19.周期性作用原理

19a.用周期性动作或脉冲动作代替连续动作；

19b.如果周期性动作正在进行改变其运动频率；

19c.利用脉冲周期中的暂停来执行另一有用动作。

20.有效作用的连续性原理

20a.物体的各个部分同时满载持续工作，以提供持续可靠的性能；

20b.消除空闲和间歇性动作。

21.减少有害作用原理

若某事物在一个给定速度下出现问题，则使其速度加快，将危险或有害的流程或步骤在高速下进行。

22.变害为利原理

22a.利用有害的因素（特别是环境中的有害效应），得到有益的结果；

22b.将两个有害的因素相结合而消除它们；

22c.增大有害因素的幅度直至有害性消失。

23.反馈原理

23a.在系统中引入反馈；

23b.如果已引入反馈，改变其大小或作用。

24.借助中介物原理

24a.使用中介物实现所需动作；

24b.把一物体与另一容易去除的物体暂时结合。

25.自服务原理

25a.物体通过执行辅助或维护功能，为自身服务；

25b.利用废弃的能量或物质。

26.复制原理

26a.用经过简化的廉价复制品代替复杂的、昂贵的、不方便的、易碎的物体；

26b.用光学复制品（图像）代替实物或实物系统，可以按一定比例扩大或缩小图像；

26c.如果已使用可见光复制品，用红外线或紫外线复制品代替。

27.廉价品替代原理

用若干便宜的物体代替昂贵的物体，同时降低某些质量要求。

28.机械系统替代原理

28a.用光学（视觉）系统、声学（听觉）系统、电磁系统、味觉系统或嗅觉系统替代机械系统；

28b.使用与物体相互作用的电场、磁场、电磁场；

28c.用运动场替代静止场，时变场替代恒定场，结构化场替代非结构化场；

28d.把场与场作用和铁磁粒子组合使用。

29.气压和液压结构原理

将物体的固体部分用气体或流体代替，如充气结构、充液结构、气垫、

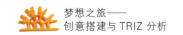
液体静力结构和流体动力结构。

30.柔性壳体或薄膜原理

30a.使用柔性壳体或薄膜代替标准结构；

30b.使用柔性壳体或薄膜将物体与环境隔离。

31.多孔材料原理

31a.使物体变为多孔性或加入多孔物体（如多孔嵌入物或覆盖物）；

32b.如果物体是多孔结构，在小孔中事先填入某种物质。

32.改变颜色原理

32a.改变物体或环境的颜色；

32b.改变物体或环境的透明度；

32c.利用着色剂观察难以观察到的对象或过程。若已应用此类着色剂，则可引入发光示踪剂或示踪原子。

33.同质性原理

存在相互作用的物体用相同材料或特性相近的材料制作。

34.抛弃与再生原理

34a.采用溶解、蒸发等手段抛弃系统中已完成功能的多余部分，或在系统运行过程中直接修改它们；

34b.在工作过程中迅速补充系统或物体中消耗的部分。

35.物理或化学参数改变原理

35a.改变聚焦态（物态）；

35b.改变浓度或密度；

35c.改变系统的柔性；

35d.改变温度。

36.相变原理

利用物质相变时产生的某种现象，如体积改变、吸热或放热。

37.热膨胀原理

37a.使用材料的热膨胀或热收缩特性；

37b. 组合使用不同热膨胀系数的几种材料。

38. 强氧化剂原理

38a. 用富氧空气代替普通空间；

38b. 用纯氧代替富氧空气；

38c. 将空气或氧气用电离放射线处理，产生离子化氧气；

38d. 用臭氧替代离子化氧气。

39. 惰性环境原理

39a. 用惰性环境替代通常环境；

39b. 使用真空环境。

40. 复合材料原理

用复合材料代替均质材料。

附录 3　39个工程参数及矛盾矩阵

改善参数 ＼ 恶化参数		1 运动物体的重量	2 静止物体的重量	3 运动物体的长度	4 静止物体的长度	5 运动物体的面积	6 静止物体的面积	7 运动物体的体积
1	运动物体的重量	+	-	15,8,29,34	-	29,17,38,34	-	29,2,40,28
2	静止物体的重量	-	+	-	10,1,29,35	-	35,30,13,2	-
3	运动物体的长度	8,15,29,34	-	+	-	15,17,4	-	7,17,4,35
4	静止物体的长度	-	35,28,40,29	-	+	-	17,7,10,40	-
5	运动物体的面积	2,17,29,4	-	14,15,18,4	-	+	-	7,14,17,4
6	静止物体的面积	-	30,2,14,18	-	26,7,9,39	-	+	-
7	运动物体的体积	2,26,29,40	-	1,7,35,4	-	1,7,4,17	-	+
8	静止物体的体积	-	35,10,19,14	19,14	35,8,2,14	-	-	-
9	速度	2,28,13,38	-	13,14,8	-	29,30,34	-	7,29,34
10	力	8,1,37,18	18,13,1,28	17,19,9,36	28,10	19,10,15	1,18,36,37	15,9,12,37
11	应力或压力	10,36,37,40	13,29,10,18	35,10,36	35,1,14,16	10,15,36,28	10,15,36,37	6,35,10
12	形状	8,10,29,40	15,10,26,3	29,34,5,4	13,14,10,7	5,34,4,10	-	14,4,15,22
13	机构的稳定性	21,35,2,39	26,39,1,40	13,15,1,28	37	2,11,13	39	28,10,19,39
14	强度	1,8,40,15	40,26,27,1	1,15,8,35	15,14,28,26	3,34,40,29	9,40,28	10,15,14,7
15	运动物体的作用时间	19,5,34,31	-	2,19,9	-	3,17,19	-	10,2,19,30
16	静止物体的作用时间	-	6,27,19,16	-	1,40,35	-	-	-
17	温度	36,22,6,38	22,35,32	15,19,9	15,19,9	3,35,39,18	35,38	34,39,40,18
18	光照度	19,1,32	2,35,32	19,32,16	-	19,32,26	-	2,13,10

续表

改善参数 \ 恶化参数	1 运动物体的重量	2 静止物体的重量	3 运动物体的长度	4 静止物体的长度	5 运动物体的面积	6 静止物体的面积	7 运动物体的体积
19 运动物体的能量消耗	12,18,28,31	—	12,28	—	15,19,25	—	35,13,18
20 静止物体的能量消耗	—	19,9,6,27	—	—	—	—	—
21 功率	8,36,38,31	19,26,17,27	1,10,35,37	—	19,38	17,32,13,38	35,6,38
22 能量损失	15,6,19,28	19,6,18,9	7,2,6,13	6,38,7	15,26,17,30	17,7,30,18	7,18,23
23 物质损失	35,6,23,40	35,6,22,32	14,29,10,39	10,28,24	35,2,10,31	10,18,39,31	1,29,30,36
24 信息损失	10,24,35	10,35,5	1,26	26	30,26	30,16	—
25 时间损失	10,20,37,35	10,20,26,5	15,2,29	30,24,14,5	26,4,5,16	10,35,17,4	2,5,34,10
26 物质或事物的数量	35,6,18,31	27,26,18,35	29,14,35,18	—	15,14,29	2,18,40,4	15,20,29
27 可靠性	3,8,10,40	3,10,8,28	15,9,14,4	15,29,28,11	17,10,14,16	32,35,40,4	3,10,14,24
28 测量精度	32,35,26,28	28,35,25,26	28,26,5,16	32,28,3,16	26,28,32,3	26,28,32,3	32,13,6
29 制造精度	28,32,13,18	28,35,27,9	10,28,29,37	2,32,10	28,33,29,32	2,29,18,36	32,28,2
30 作用于物体的有害因素	22,21,27,39	2,22,13,24	17,1,39,4	1,18	22,1,33,28	27,2,39,35	22,23,37,35
31 物质产生的有害因素	19,22,15,39	35,22,1,39	17,15,16,22	—	17,2,18,39	22,1,40	17,2,40
32 可制造性	28,29,15,16	1,27,36,13	1,29,13,17	15,17,27	13,1,26,12	16,40	13,29,1,40
33 可操作性	25,2,13,15	6,13,1,25	1,17,13,12	—	1,17,13,16	18,16,15,39	1,16,35,15
34 可维修性	2,2735,11	2,27,35,11	1,28,10,25	3,18,31	15,13,32	16,25	25,2,35,11
35 适应性及多用性	1,6,15,8	19,15,29,16	35,1,29,2	1,35,16	35,30,29,7	15,16	15,35,29
36 设备复杂性	26,30,34,36	2,26,35,39	1,19,26,24	26	14,1,13,16	6,36	34,26,6
37 检测复杂性	27,26,28,13	6,13,28,1	16,17,26,24	26	2,13,18,17	2,39,30,16	29,1,4,16
38 自动化程度	28,26,18,35	28,26,35,10	14,13,28,17	23	17,14,13	—	35,13,16
39 生产率	35,26,24,37	28,27,15,3	18,4,28,38	30,7,14,26	10,26,34,31	10,35,17,7	2,6,34,10

改善参数＼恶化参数	8 静止物体的体积	9 速度	10 力	11 应力或压力	12 形状	13 机构的稳定性	14 强度
1 运动物体的重量	–	2,8,15,38	8,10,18,37	10,36,37,40	10,14,35,40	1,35,19,39	28,27,18,40
2 静止物体的重量	5,35,14,2	–	8,10,19,35	13,29,10,18	13,10,29,14	26,39,1,40	28,2,10,27
3 运动物体的长度	–	13,4,8	17,10,4	1,8,35	1,8,10,29	1,8,15,34	8,35,29,34
4 静止物体的长度	35,8,2,14	–	28,10	1,14,35	13,14,15,7	39,37,35	15,14,28,26
5 运动物体的面积	–	29,30,4,34	19,30,35,2	10,15,36,28	5,34,29,4	11,2,13,39	3,15,40,14
6 静止物体的面积	–	–	1,18,35,36	10,15,36,37	–	2,38	40
7 运动物体的体积	–	29,4,38,34	15,35,36,37	6,35,36,37	1,15,29,4	28,10,1,39	9,14,15,7
8 静止物体的体积	+	–	2,18,37	24,35	7,2,35	34,28,35,40	9,14,17,15
9 速度	–	+	13,28,15,19	6,18,38,40	35,15,18,34	28,33,1,18	8,3,26,14
10 力	2,36,18,37	13,28,15,12	+	18,21,11	10,35,40,34	35,10,21	35,10,14,27
11 应力或压力	35,24	6,35,36	36,35,21	+	35,4,15,10	35,33,2,40	9,18,3,40
12 形状	7,2,35	35,15,34,18	35,10,37,40	34,15,10,14	+	33,1,18,4	30,14,10,40
13 机构的稳定性	34,28,35,40	33,15,28,18	10,35,21,16	2,35,40	22,1,18,4	+	17,9,15
14 强度	9,14,17,15	8,13,26,14	10,18,3,14	10,3,18,40	10,30,35,40	13,17,35	+
15 运动物体的作用时间	–	3,35,5	19,2,16	19,3,27	14,26,28,25	13,3,35	27,3,10
16 静止物体的作用时间	35,34,38	–	–	–	–	39,3,35,23	–
17 温度	35,6,4	2,28,36,30	35,10,3,21	35,39,19,2	14,22,19,32	1,35,32	10,30,22,40
18 光照度	–	10,13,19	26,19,6	–	32,30	32,3,27	35,19
19 运动物体的能量消耗	–	8,15,35	16,26,21,2	23,14,25	12,2,29	19,13,17,24	5,19,9,35
20 静止物体的能量消耗	–	–	36,37	–	–	27,4,29,18	35

改善参数＼恶化参数		8 静止物体的体积	9 速度	10 力	11 应力或压力	12 形状	13 机构的稳定性	14 强度
21	功率	30,6,25	15,35,2	26,2,36,35	22,10,35	29,14,2,40	35,32,15,31	26,10,28
22	能量损失	7	16,35,38	36,38	–	–	14,2,39,6	26
23	物质损失	3,39,18,31	10,13,28,38	14,15,18,40	3,36,37,10	29,35,3,5	2,14,30,40	35,28,31,40
24	信息损失	2,22	26,32	–	–	–	–	–
25	时间损失	35,16,32,18	–	10,37,36,5	37,36,4	4,10,34,17	35,3,22,5	29,3,28,18
26	物质或事物的数量	–	35,29,34,28	35,14,3	10,36,14,3	35,14	15,2,17,40	14,35,34,10
27	可靠性	2,35,24	21,35,11,28	8,28,10,3	10,24,35,19	35,1,16,11	–	11,28
28	测量精度	–	28,13,32,24	32,2	6,28,32	6,28,32	32,35,13	28,6,32
29	制造精度	25,10,35	10,28,32	28,19,34,36	3,35	32,30,40	30,18	3,27
30	作用于物体的有害因素	34,39,19,27	21,22,35,28	13,35,39,18	22,2,37	22,1,3,35	35,24,30,18	18,35,37,1
31	物体产生的有害因素	30,18,35,4	35,28,3,23	35,28,1,40	2,33,27,18	35,1	35,40,27,39	15,35,22,2
32	可制造性	35	35,13,8,1	35,12	35,19,1,37	1,28,13,27	11,13,1	1,3,10,32
33	可操作性	4,18,39,31	18,13,34	28,13,35	2,32,12	15,34,29,28	32,35,30	32,40,3,28
34	可维修性	1	34,9	1,11,10	13	1,13,2,4	2,35	1,11,2,9
35	适应性及多用性	–	35,10,14	15,17,20	35,16	15,37,1,8	35,30,14	35,3,32,6
36	设备复杂性	1,16	34,10,28	26,16	19,1,35	29,13,28,15	2,22,17,19	2,13,28
37	检测复杂性	2,18,26,31	3,4,16,35	36,28,40,19	35,36,37,32	27,13,1,39	11,22,39,30	27,3,15,28
38	自动化程度	–	28,10	2,35	13,35	15,32,1,13	18,1	25,13
39	生产率	35,37,10,2	–	28,15,10,36	10,37,14	14,10,34,40	35,3,22,39	29,28,10,18

改善参数＼恶化参数	15 运动物体的作用时间	16 静止物体的作用时间	17 温度	18 光照度	19 运动物体的能量消耗	20 静止物体的能量消耗
1 运动物体的重量	5,34,31,35	—	6,29,4,38	19,1,32	35,12,34,31	—
2 静止物体的重量	—	2,27,19,6	28,19,32,22	35,19,32	—	18,19,28,1
3 运动物体的长度	19	—	10,15,19	32	8,35,24	—
4 静止物体的长度	—	1,40,35	3,35,38,18	3,25	—	—
5 运动物体的面积	6,3	—	2,15,16	15,32,19,13	19,32	—
6 静止物体的面积	—	2,10,19,30	35,39,38	10,13,2	—	—
7 运动物体的体积	6,35,4	—	34,39,10,18	10,13,2	35	—
8 静止物体的体积	—	35,34,38	35,6,4	—	—	—
9 速度	3,19,35,5	—	28,30,36,2	10,13,19	8,15,35,38	—
10 力	19,2	—	35,10,21	—	19,17,10	1,16,36,37
11 应力或压力	19,3,27	—	35,39,19,2	—	14,24,10,37	—
12 形状	14,26,9,25	—	22,14,19,32	13,15,32	2,6,34,14	—
13 机构的稳定性	13,27,10,35	39,3,35,23	35,1,32	32,3,27,15	13,19	27,4,29,18
14 强度	27,3,26	—	30,10,40	35,19	19,35,10	35
15 运动物体的作用时间	+	—	19,35,39	2,19,4,35	28,6,35,18	—
16 静止物体的作用时间	—	+	19,18,36,40	—	—	—
17 温度	19,13,39	19,18,36,40	+	32,30,21,16	19,15,3,17	32,35,1,15
18 光照度	2,19,6	—	32,35,19	+	32,1,19	—
19 运动物体的能量消耗	5,34,31,35	—	6,29,4,38	19,1,32	35,12,34,31	—

续表

改善参数 ＼ 恶化参数	15 运动物体的作用时间	16 静止物体的作用时间	17 温度	18 光照度	19 运动物体的能量消耗	20 静止物体的能量消耗
20 静止物体的能量消耗	28,35,6,18	—	19,24,3,14	2,15,19	+	—
21 功率	19,35,10,38	—	2,14,17,25	19,2,35,32	—	+
22 能量损失	—	16	19,38,7	16,6,19	16,6,19,37	—
23 物质损失	—	—	19,38,7	1,13,32,15	—	—
24 信息损失	28,27,3,18	27,16,18,38	21,36,39,31	1,6,13	35,18,24,5	28,27,12,31
25 时间损失	10	10	—	19	—	—
26 物质或事物的数量	20,10,28,18	28,20,10,16	35,29,21,18	1,19,26,17	35,38,19,18	1
27 可靠性	3,35,10,40	3,35,31	3,17,39	—	34,29,16,18	3,35,31
28 测量精度	2,35,3,25	34,27,6,40	3,35,10	11,32,13	21,11,27,19	36,23
29 制造精度	28,6,32	10,26,24	6,19,28,24	6,1,32	3,6,32	
30 作用于物体的有害因素	3,27,40	—	19,26	3,32	32,2	
31 物体产生的有害因素	22,15,33,28	17,1,40,33	22,33,35,2	1,19,32,13	1,24,6,27	10,2,22,37
32 可制造性	15,22,33,31	21,39,16,22	22,35,2,24	19,24,39,32	2,35,6	19,22,18
33 可操作性	27,1,4	35,16	27,26,18	28,24,27,1	28,26,27,1	1,4
34 可维修性	29,3,8,25	1,16,25	26,27,13	13,17,1,24	1,13,24	
35 适应性及多用性	11,29,28,27	1	4,10	15,1,13	15,1,28,16	—
36 设备复杂性	13,1,35	2,16	27,2,3,35	6,22,26,1	19,35,29,13	—
37 检测复杂性	10,4,28,15	—	2,17,13	24,17,13	27,2,29,28	—
38 自动化程度	19,29,25,39	25,34,6,35	3,27,35,16	2,24,26	35,38	19,35,16
39 生产率	6,9	—	26,2,19	8,32,19	2,32,13	—

改善参数 \ 恶化参数	21 功率	22 能量损失	23 物质损失	24 信息损失	25 时间损失	26 物质或事物的数量	27 可靠性
1 运动物体的重量	12,36,18,31	6,2,34,19	5,35,3,31	10,24,35	10,35,20,28	3,26,18,31	3,11,1,27
2 静止物体的重量	15,19,18,22	18,19,28,15	5,8,13,30	10,15,35	10,20,35,26	19,6,18,26	10,28,8,3
3 运动物体的长度	1,35	7,2,35,39	4,29,23,10	1,24	15,2,29	29,35	10,14,29,40
4 静止物体的长度	12,8	6,28	10,28,24,35	24,26,	30,29,14	–	15,29,28
5 运动物体的面积	19,10,32,18	15,17,30,26	10,35,2,39	30,26	26,4	29,30,6,13	29,9
6 静止物体的面积	17,32	17,7,30	10,14,18,39	30,16	10,35,4,18	2,18,40,4	32,35,40,4
7 运动物体的体积	35,6,13,18	7,15,13,16	36,39,34,10	2,22	2,6,34,10	29,30,7	14,1,40,11
8 静止物体的体积	30,6	–	10,39,35,34		35,16,3218	35,3	2,35,16
9 速度	19,35,38,2	14,20,19,35	10,13,28,38	13,26		10,19,29,38	11,35,27,28
10 力	19,35,18,37	14,15	8,35,40,5	–	10,37,36	14,29,18,36	3,35,13,21
11 应力或压力	10,35,14	2,36,25	10,36,3,37	–	37,36,4	10,14,36	10,13,19,35
12 形状	4,6,2	14	35,29,3,5	–	14,10,34,17	36,22	10,40,16
13 机构的稳定性	32,35,27,31	14,2,39,6	2,14,30,40	–	35,27	15,32,35	–
14 强度	10,26,35,28	35	35,28,31,40	–	29,3,28,10	29,10,27	11,3
15 运动物体的作用时间	19,10,35,38	–	28,27,3,18	10	20,10,28,18	3,35,10,40	11,2,13
16 静止物体的作用时间	16	–	27,16,18,38	10	28,20,10,16	3,35,31	34,27,6,40
17 温度	2,14,17,25	21,17,35,38	21,36,29,31	–	35,28,21,18	3,17,30,39	19,35,3,10
18 光照度	32	13,16,1,6	13,1	1,6	19,1,26,17	1,19	–
19 运动物体的能量消耗	6,19,37,18	12,22,15,24	35,24,18,5	–	35,38,19,18	34,23,16,18	19,21,11,27
20 静止物体的能量消耗	–	–	28,27,18,31	–		3,35,31	10,36,23

改善参数 \ 恶化参数	21 功率	22 能量损失	23 物质损失	24 信息损失	25 时间损失	26 物质或事物的数量	27 可靠性
21 功率	+	10,35,38	28,27,18,38	10,19	35,20,10,6	4,34,19	19,24,26,31
22 能量损失	3,38	+	35,27,2,37	19,10	10,18,32,7	7,18,25	11,10,35
23 物质损失	28,27,18,38	35,27,2,31	+	-	15,18,35,10	6,3,10,24	10,29,39,35
24 信息损失	10,19	19,10	-	+	24,26,28,32	24,28,35	10,28,23
25 时间损失	35,20,10,6	10,5,18,32	35,18,10,39	24,26,28,32	+	35,38,18,16	10,30,4
26 物质或事物的数量	35	7,18,25	6,3,10,24	24,28,35	35,38,18,16	+	18,3,28,40
27 可靠性	21,11,26,31	10,11,35	10,35,29,39	10,28	10,30,4	21,28,40,3	+
28 测量精度	3,6,32	26,32,27	10,16,31,28	-	24,34,28,32	2,6,32	5,11,1,23
29 制造精度	32,2	13,32,2	35,31,10,24	-	32,26,28,18	32,30	11,32,1
30 作用于物体的有害因素	19,22,31,2	21,22,35,2	33,22,19,40	22,10,2	35,18,34	35,33,29,31	27,24,2,40
31 物体产生的有害因素	2,35,18	21,35,2,22	10,1,34	10,21,29	1,22	3,24,39,1	24,2,40,39
32 可制造性	27,1,12,24	19,35	15,34,33	32,24,18,16	35,28,34,4	35,23,1,24	-
33 可操作性	35,34,2,10	2,19,13	28,32,2,24	4,10,27,22	4,28,10,34	12,35	17,27,8,40
34 可维修性	15,10,32,2	15,1,32,19	2,35,34,27	-	32,1,10,25	2,28,10,25	11,10,1,16
35 适应性及多用性	19,1,29	18,15,1	15,10,2,13	-	35,28	3,35,15	35,13,8,24
36 设备复杂性	20,19,30,34	10,35,13,2	35,10,28,29	-	6,29	13,3,27,10	13,35,1
37 检测复杂性	19,1,16,10	35,3,15,19	1,18,10,24	35,33,27,22	18,28,32,9	3,27,29,18	27,40,28,8
38 自动化程度	28,2,27	23,28	35,10,18,5	35,33	24,28,35,30	35,13	11,27,32
39 生产率	35,20,10	28,10,29,35	28,10,35,23	13,15,23	-	35,38	1,35,10,38

改善参数 \ 恶化参数		28 测量精度	29 制造精度	30 作用于物体的有害因素	31 物体产生的有害因素	32 可制造性	33 可操作性
1	运动物体的重量	28,27,35,26	28,35,26,18	22,21,18,27	22,35,31,39	27,28,1,36	35,3,2,24
2	静止物体的重量	18,26,28	10,1,35,17	2,19,22,37	35,22,1,39	28,1,9	6,13,1,32
3	运动物体的长度	28,32,4	10,28,29,37	1,15,17,24	17,15	1,29,17	15,29,35,4
4	静止物体的长度	32,28,3	2,32,10	1,18		15,17,27	2,25
5	运动物体的面积	26,28,32,3	2,32	22,33,28,1	17,2,18,39	13,1,26,24	15,17,13,16
6	静止物体的面积	26,28,32,3	2,29,18,36	27,2,39,35	22,1,40	40,16	16,4
7	运动物体的体积	25,26,28	25,28,2,16	22,21,27,35	17,2,40,1	29,1,40	15,13,30,12
8	静止物体的体积	–	35,10,25	34,39,19,27	30,18,35,4	35	–
9	速度	28,32,1,24	10,28,32,25	1,28,35,23	2,24,35,21	35,13,8,1	32,28,13,12
10	力	35,10,23,24	28,29,37,36	1,35,40,18	13,3,36,24	15,37,18,1	1,28,3,25
11	应力或压力	6,28,25	3,35	22,2,37	2,33,27,18	1,35,16	11
12	形状	28,32,1	32,30,40	22,1,2,35	35,1	1,32,17,28	32,15,26
13	机构的稳定性	13	18	35,24,18,30	35,40,27,39	35,19	32,35,30
14	强度	3,27,16	3,27	18,35,37,1	15,35,22,2	11,3,10,32	32,40,28,2
15	运动物体的作用时间	3	3,27,16,40	22,15,33,28	21,39,16,22	27,1,4	12,27
16	静止物体的作用时间	10,26,24	–	17,1,40,33	22	35,10	1
17	温度	32,19,24	24	22,33,35,2	22,35,2,24	26,27	26,27
18	光照度	11,15,32	3,32	15,19	35,19,32,39	19,35,28,26	28,26,19
19	运动物体的能量消耗	3,1,32	–	1,35,6,27	2,35,6	28,26,30	19,35
20	静止物体的能量消耗	–	–	10,2,22,37	19,22,18	1,4	–

改善参数＼恶化参数	28 测量精度	29 制造精度	30 作用于物体的有害因素	31 物体产生的有害因素	32 可制造性	33 可操作性
21 功率	32,15,2	32,2	19,22,31,2	2,35,18	26,10,34	26,35,10
22 能量损失	32	–	21,22,35,2	21,35,2,22	–	35,32,1
23 物质损失	16,34,31,28	35,10,24,31	33,22,30,40	10,1,34,29	15,34,33	32,28,2,24
24 信息损失	–	–	22,10,1	10,21,22	32	27,22
25 时间损失	24,34,28,32	24,26,28,18	35,18,34	35,22,18,39	35,28,34,4	4,28,10,34
26 物质或事物的数量	13,2,28	33,30	35,33,29,31	3,35,40,39	29,1,35,27	35,29,10,25
27 可靠性	32,3,11,23	11,32,1	27,35,2,40	35,2,40,26	–	27,17,40
28 测量精度	+	+	28,24,22,26	3,33,39,10	6,35,25,18	1,13,17,34
29 制造精度	–	+	26,28,10,36	4,17,34,26	–	1,32,35,23
30 作用于物体的有害因素	28,33,23,26	26,28,10,18	+	–	24,35,2	2,25,28,39
31 物体产生的有害因素	3,33,26	4,17,34,26	–	+	–	–
32 可制造性	1,35,12,18	–	24,2	–	+	2,5,13,16
33 可操作性	25,13,2,34	1,32,35,23	2,25,28,39	–	2,5,12	+
34 可维修性	10,2,13	25,10	35,10,2,16	–	1,35,11,10	1,12,26,15
35 适应性及多用性	35,5,1,10	–	35,11,32,31	–	1,13,31	15,34,1,16
36 设备复杂性	2,26,10,34	26,24,32	22,19,29,40	19,1	27,26,1,13	27,9,26,24
37 检测复杂性	26,24,32,28	28,26,18,23	22,19,29,28	2,21	5,28,11,29	2,5
38 自动化程度	28,26,10,34	28,26,18,23	2,33	2	1,26,13	1,12,34,3
39 生产率	1,10,34,28	32,1,18,10	22,35,13,24	35,22,18,39	35,28,2,24	1,28,7,19

改善参数	恶化参数	34 可维修性	35 适应性及多用性	36 设备复杂性	37 检测复杂性	38 自动化程度	39 生产率
1	运动物体的重量	2,27,28,11	29,5,15,8	26,30,36,34	28,29,26,32	26,35,18,19	35,3,24,37
2	静止物体的重量	2,27,28,11	19,15,29	1,10,26,39	25,28,17,15	2,26,35	1,28,15,35
3	运动物体的长度	1,28,10	14,15,1,16	1,19,26,24	35,1,26,24	17,24,26,16	14,4,28,29
4	静止物体的长度	3	1,35	1,26	26		30,14,7,26
5	运动物体的面积	15,13,10,1	15,30	14,1,13	2,36,26,18	14,30,28,23	10,26,34,2
6	静止物体的面积	16	15,16	1,18,36	2,35,30,18	23	10,15,17,7
7	运动物体的体积	10	15,29	26,1	29,26,4	35,34,16,24	10,6,2,34
8	静止物体的体积	1	–	1,31	2,17,26	–	35,37,10,2
9	速度	34,2,28,27	15,10,26	10,28,4,34	3,34,27,16	10,18	–
10	力	15,1,11	15,17,18,20	26,35,10,18	36,37,10,19	2,35	3,28,35,37
11	应力或压力	2	35	19,1,35	2,36,37	35,24	10,14,35,37
12	形状	2,13,1	1,15,29	16,29,1,28	15,13,39	15,1,32	17,26,34,10
13	机构的稳定性	2,35,10,16	35,30,34,2	2,35,22,26	35,22,39,23	1,8,35	23,35,40,3
14	强度	27,11,3	15,3,32	2,13,25,28	27,3,15,40	15	29,35,10,14
15	运动物体的作用时间	29,10,27	1,35,13	10,4,29,15	19,29,39,35	6,10	35,17,14,19
16	静止物体的作用时间	1	2	–	25,34,6,35	1	20,10,16,38
17	温度	4,10,16	2,18,27	2,17,16	3,27,35,31	26,2,19,16	15,28,35
18	光照度	15,17,13,16	15,1,19	6,32,13	32,15	2,26,10	2,25,16
19	运动物体的能量消耗	1,15,17,28	15,17,13,16	2,29,27,28	35,38	32,2	12,28,35
20	静止物体的能量消耗	–		–	19,35,16,25	–	1,6

续表

恶化参数 / 改善参数	34 可维修性	35 适应性及多用性	36 设备复杂性	37 检测复杂性	38 自动化程度	39 生产率
21 功率	35,2,10,34	19,17,34	20,19,30,34	19,35,16	28,2,17	28,35,34
22 能量损失	2,19	–	7,23	35,3,15,23	2	28,10,29,35
23 物质损失	2,35,34,27	15,10,2	35,10,28,24	35,18,10,13	35,10,18	28,35,10,23
24 信息损失	–	–	–	35,33	35	13,23,15
25 时间损失	32,1,10	35,28	6,29	18,28,32,10	24,28,35,30	–
26 物质或事物的数量	2,32,10,25	15,3,29	3,13,27,10	3,27,29,18	8,35	13,29,3,27
27 可靠性	1,11	13,35,8,24	13,35,1	27,40,28	11,13,27	1,35,29,38
28 测量精度	1,32,13,11	13,35,2	27,35,10,34	26,24,32,28	28,2,10,34	10,34,28,32
29 制造精度	25,10	–	26,2,18	–	26,28,18,23	10,18,32,39
30 作用于物体的有害因素	35,10,2	35,11,22,31	22,19,29,40	22,19,29,40	33,3,34	22,35,13,24
31 物体产生的有害因素	–	2,13,15	19,1,31	2,21,27,1	2	22,35,18,39
32 可制造性	35,1,11,9	2,13,15	27,26,1	6,28,11,1	8,28,1	35,1,10,28
33 可操作性	12,26,1,32	15,34,1,16	32,26,12,17	–	1,34,12,3	15,1,28
34 可维修性	1,16,7,4	7,1,4,16	35,1,13,11	–	34,35,7,13	1,32,10
35 适应性及多用性	1,13	29,15,28,37	15,29,37,28	1	27,34,35	35,28,6,37
36 设备复杂性	1,13	1,15	+	15,10,37,28	15,1,24	12,17,28
37 检测复杂性	12,26	27,4,1,35	15,24,10	34,27,25	34,21	35,18
38 自动化程度	1,35,13	27,4,1,35	15,24,10	34,27,25	+	5,12,35,26
39 生产率	1,32,10,25	1,35,28,37	12,17,28,24	35,18,27,2	5,12,35,26	+

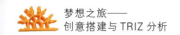
附录4 分离原理与发明原理对应表

序号	分离原理	对应发明原理
1	空间分离原理	1,2,3,4,7,13,17,24,26,30
2	时间分离原理	9,10,11,15,16,18,19,20,21,29,34,37
3	条件分离原理	1,5,6,7,8,13,14,22,23,25,27,33,35
4	方向分离原理	4,40,35,14,17,32,7
5	系统分离原理	12,28,31,32,35,36,38,39,40

附录5 物理矛盾相应的通用工程参数与发明原理对应表

序号	通用工程参数	发明原理	建议测量方法	序号	通用工程参数	发明原理	建议测量方法
1	运动物体的重量	35, 28, 31, 8, 2, 3, 10	用秤称重	9	形状	3, 35, 28, 14, 17, 4, 7, 2	描述几何体参数及结构组成
2	静止物体的重量	35, 31, 3, 13, 17, 2, 40, 28	用秤称重	10	物质的数量	35, 3, 31, 1, 10, 17, 28, 30	清点数目
3	运动物体的长度	17, 1, 3, 35, 14, 4, 15	测量长度/周长	11	信息的数量	2, 7, 3, 10, 24, 17, 25, 32	清点数目
4	静止物体的长度	17, 35, 3, 28, 14, 4, 1	测量长度/周长	12	运动物体的作用时间	3, 10, 35, 19, 28, 2, 13, 24	秒表计时
5	运动物体的面积	5, 3, 15, 14, 1, 4, 35, 13	长度 × 宽度/π × 半径²	13	静止物体的作用时间	35, 3, 10, 2, 40, 24, 1, 4	秒表计时
6	静止物体的面积	17, 35, 3, 14, 4, 1, 28, 13	长度 × 宽度/π × 半径²	14	速度	28, 35, 13, 3, 10, 2, 19, 24	距离 ÷ 时间
7	运动物体的体积	35, 3, 28, 1, 7, 15, 10	底面积 × 高度	15	力	35, 3, 13, 10, 17, 19, 28	测力计测量
8	静止物体的体积	35, 3, 2, 28, 31, 1, 14, 4	底面积 × 高度	16	运动物体消耗的能量	35, 19, 28, 3, 2, 10, 24, 13	重量 × 速度

序号	通用工程参数	发明原理	建议测量方法	序号	通用工程参数	发明原理	建议测量方法
17	静止物体消耗的能量	35, 3, 19, 2, 13, 1, 10, 28	重量×地面高度	33	兼容性或连通性	2, 24, 28, 13, 10, 17, 3, 25	功能对象描述及数量
18	功率	35, 19, 2, 10, 28, 1, 3, 15	力×距离÷时间或万用表测量	34	使用方便性	25, 1, 28, 3, 2, 10, 24, 13	使用步骤描述及数量
19	应力或压力	35, 3, 40, 17, 10, 2, 9, 4	压力计测量	35	可靠性	35, 3, 40, 10, 1, 13, 28, 4	相邻故障间的平均工作时间
20	强度	35, 40, 3, 17, 9, 2, 28, 14	物体形变时所承受的力÷受力面积	36	易维修性	1, 13, 10, 17, 2, 3, 35, 28	（故障组件×维修步骤）之和
21	稳定性	35, 24, 3, 40, 10, 2, 5	不发生故障的平均工作时间和条件	37	安全性	28, 2, 10, 13, 24, 17, 3, 1	（对对象的损害程度×概率）之和
22	温度	35, 3, 19, 2, 31, 24, 36, 28	温度计测量	38	易损坏性	31, 35, 13, 3, 10, 24, 2, 28	（受灾概率×受灾损坏度）之和
23	光照度	35, 19, 32, 24, 13, 28, 1, 2	照度计测量	39	美观	3, 7, 28, 32, 17, 2, 4, 14	固定时间和人流量，欣赏人数之和
24	运行效率	3, 2, 19, 28, 35, 4, 15, 13	（现参数−原参数）÷工作时间	40	作用于系统的其他有害影响	35, 24, 3, 2, 1, 40, 31	其他有害影响描述及数量
25	物质损失	35, 10, 3, 28, 24, 2, 13	原物质量−现物质量	41	可制造性	1, 35, 10, 13, 28, 3, 24, 2	制造品所需的资源描述
26	时间损失	10, 35, 28, 3, 5, 24, 2, 18	现时间量−原时间量	42	制造的精度	3, 10, 2, 25, 28, 35, 13, 32	制造品规格的最小参数
27	能量损失	35, 19, 3, 2, 28, 15, 4, 13	原能量总量−现能量总量	43	自动化程度	10, 13, 2, 28, 35, 1, 3, 24	（操作步骤−人力操作）÷操作步骤
28	信息损失	24, 10, 7, 25, 3, 28, 2, 32	原信息量−现信息量	44	生产率	10, 35, 2, 1, 3, 28, 24, 13	制造品数量÷工作时间
29	噪声	3, 9, 35, 14, 2, 31, 1, 28	分贝计测量	45	装置（构造）的复杂性	28, 2, 13, 35, 10, 5, 24	零件种类和数量
30	有害的散发（扩散）	35, 1, 2, 10, 3, 19, 24, 18	受影响物体数量	46	控制的复杂性	10, 25, 37, 3, 1, 2, 28, 7	控制步骤描述及数量
31	有害的副作用	35, 3, 25, 1, 2, 4, 17	副作用描述及数量	47	测量的难度	28, 32, 26, 3, 24, 37, 10, 1	测量的步骤及数量
32	适应性及多用性	15, 35, 28, 1, 3, 13, 29, 24	功能描述及数量	48	测量的精度	28, 24, 10, 37, 26, 3, 32	可测量的最小变化量

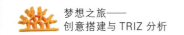

附录 6　物－场模型的一般解和标准解

一般解法：

一般解法1：补齐物－场模型中所缺失的元素（场或物质），构造完整有效的物－场模型。

注：一般解法1用来解决不完整的物－场模型的问题。

一般解法2：加入第三种物质S_3来阻止有害作用，S_3也可由S_1或S_2改变而来。

一般解法3：引入另外一个场F_2来抵消原来场F的有害效应。

注：一般解法2和3用来解决完整但有害的物－场模型的问题。

一般解法4：用另外一个场代替原来的场，以达到系统所需要的效应。

一般解法5：增加另外一个场来强化有用效应。

一般解法6：引入物质S_3（S_3也可由S_1或S_2改变而来），并引入场F_2提高有用效应。

注：一般解法4，5和6用来解决完整但效应不足的物－场模型的问题。

标准解法：

第1级　建立和拆解物－场模型

1.1　建立物－场模型

　　1.1.1　完善物－场模型

　　1.1.2　内部合成物－场模型

　　1.1.3　外部合成物－场模型

　　1.1.4　与环境一起的外部物－场模型

　　1.1.5　与环境和添加物一起的物－场模型

　　1.1.6　最小模式

　　1.1.7　最大模式

　　1.1.8　选择性最大模式

注：标准解法1.1用来解决不完整的物－场模型的问题。

1.2 拆解物–场模型

    1.2.1 引入 S_3 消除有害效应

    1.2.2 引入改进的 S_1 或（和）S_2 来消除有害效应

    1.2.3 排除有害作用

    1.2.4 用场 F_2 来抵消有害作用

    1.2.5 切断磁影响

注：标准解法 1.2 用来解决完整但有害的物–场模型的问题。

第 2 级 强化完善物–场模型

2.1 向合成物–场模型转化

    2.1.1 链式物–场模型

    2.1.2 双物–场模型

2.2 加强物–场模型

    2.2.1 使用更易控制的场

    2.2.2 物质 S_2 的分裂

    2.2.3 利用毛细管和多孔的物质

    2.2.4 动态性

    2.2.5 构造场

    2.2.6 构造物质

2.3 利用匹配节奏加强物–场模型

    2.3.1 匹配 F、S_1、S_2 的节奏

    2.3.2 匹配场 F_1 和 F_2 的节奏

    2.3.3 匹配矛盾或预先独立的动作

2.4 铁–场模型（合成加强物–场模型）

    2.4.1 预–铁–场模型

    2.4.2 铁–场模型

    2.4.3 磁性液体

    2.4.4 在铁–场模型中应用毛细管结构

    2.4.5 合成铁–场模型

    2.4.6 与环境一起的铁–场模型

2.4.7 利用自然现象和效应

2.4.8 动态性

2.4.9 构造场

2.4.10 在铁-场模型中匹配节奏

2.4.11 电-场模型

2.4.12 流变学的液体

第3级 向超系统或微观级系统转化

3.1 向双系统和多系统转化

3.1.1 系统转化1a：创建双、多级系统

3.1.2 加强双，多级系统内的链接

3.1.3 系统转化1b：加大元素间的差异

3.1.4 双、多级系统的简化

3.1.5 系统转化1c：系统整体或部分的相反特性

3.2 向微观级转化

系统转化2：向微观级转化

注：标准解法2，3用来解决完整但效应不足的物-场模型的问题。

第4级 检测和测量的标准解法（专注于解决测量和探测的专项问题）

4.1 间接方法

4.1.1 以系统的变化代替检测或测量

4.1.2 应用拷贝

4.1.3 测量当作二次连续检测

4.2 建立测量的物-场模型

4.2.1 测量的物-场模型

4.2.2 合成测量的物-场模型

4.2.3 与环境一起的测量的物-场模型

4.2.4 从环境中获得添加物

4.3 加强测量物-场模型

4.3.1 应用物理效应和现象

4.3.2 应用样本的谐振

4.3.3 应用加入物体的谐振

4.4 向铁-场模型转化

4.4.1 测量的预-铁-场模型

4.4.2 测量的铁-场模型

4.4.3 合成测量的铁-场模型

4.4.4 与环境一起测量的铁-场模型

4.4.5 利用物理效应和现象

4.5 测量系统的进化方向

4.5.1 向双系统和多测量系统转化

4.5.2 进化方向

第5级 简化与改善策略（专注于对系统的简化和改善）

5.1 引入物质

5.1.1 间接方法

5.1.2 分裂物质

5.1.3 物质的"自消失"

5.1.4 大量引入物质

5.2 引入场

5.2.1 可用场的综合使用

5.2.2 从环境中引入场

5.2.3 利用物质可能创造的场

5.3 利用相变

5.3.1 相变1：变换状态

5.3.2 相变2：动态化相态

5.3.3 相变3：利用伴随的现象

5.3.4 相变4：向双相态转化

5.3.5 状态间作用

5.4 利用物理效应和现象的特性

5.4.1 自我控制的转化

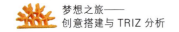
5.4.2　放大输出场

5.5　根据实验的标准解法

5.5.1　通过分解获得物质粒子

5.5.2　通过结合获得物质粒子

5.5.3　应用标准解法5.5.1和5.5.2获得物质粒子

参考文献

[1] 颜惠庚，杜存臣. 技术创新方法实战TRIZ训练与应用[M]. 北京：化学工业出版社，2014.

[2] 成思源，周金平，郭钟宁. 技术创新方法TRIZ理论及应用[M]. 北京：清华大学出版社，2014.

[3] 高常青. TRIZ-发明问题解决理论[M]. 北京：科学出版社，2011.

[4] 李海军，丁雪燕. 经典TRIZ通俗读本[M]. 北京：中国科学技术出版社，2009.

[5] 刘训涛，曹贺，陈国晶. TRIZ理论及应用[M]. 北京：北京大学出版社，2011.

[6] 潘承怡. TRIZ理论与创新设计方法[M]. 北京：清华大学出版社，2015.

[7] 沈萌红. 创新的方法TRIZ理论概述[M]. 北京：北京大学出版社，2011.

[8] 沈世德. TRIZ法简明教程[M]. 北京：机械工业出版社，2010.

[9] 孙峰华. TRIZ创新理论与应用原理[M]. 北京：科学出版社，2010.

[10] 王传友. TRIZ新编创新40法及技术矛盾与物理矛盾[M]. 西安：西北工业大学出版社，2010.

[11] 徐起贺，任中普，戚新波. TRIZ创新理论实用指南[M]. 北京：北京理工大学出版社，2011.

[12] 陈光. 创新思维与方法TRIZ的理论与应用[M]. 北京：科学出版社，2011.

[13] 颜惠庚，赵昊昱. 技术创新方法提高TRIZ流程与工具[M]. 北京：化学工业出版社，2012.

[14] 杨清亮. 发明是这样诞生的[M]. 北京：机械工业出版社，2006.

[15] 于惠玲. 简明创新方法教程[M]. 北京：中央广播电视大学出版社，2014.

[16] 赵敏，史晓凌，段海波. TRIZ入门及实践[M]. 北京：科学出版社，2009.

[17] 赵新军. 技术创新理论TRIZ及应用[M]. 北京：化学工业出版社，2004.

[18] 张明勤. TRIZ入门100问：TRIZ创新工具导引[M]. 北京：机械工业出版社，2012.

[19] 李梅芳，赵永翔. TRIZ创新思维与方法理论及应用[M]. 北京：机械工业出版社，2016.

[20] 孙永伟，（美）伊克万科. TRIZ：打开创新之门的金钥匙 I [M]. 北京：科学出版社，2015.

[21] 马志洪. TRIZ发明原理教学参考：北京市西城区创新思维培育协同管理模式研究与应用示范案例[M]. 北京：北京理工大学出版社，2016.4.

[22]《中国大百科全书》总编委会. 中国大百科全书[M]. 北京：中国大百科全书出版社，2009.

[23] 谢础，贾玉红，黄俊，等. 航空航天技术概论（第2版）[M]. 北京：北京航空航天大学出版社，2008.

[24] 越南社会科学委员会. 越南历史[M]. 北京：人民出版社，1977.

[25] 克里斯托弗·佩里斯. 鸟百科全书 [M]. 黑龙江：黑龙江科学技术出版社，
2009.

[26]（英）莎士比亚. 威尼斯商人 [M]. 朱生豪，译. 北京：中国画报出版社，
2014.